Bibliografische Information der Deutscher

Die Deutsche Bibliothek verzeichnet diese Publi
bibliografie; detaillierte bibliografische Daten s
nb.de/ abrufbar.

C000002476

Impressum:

Copyright © 2004 GRIN Verlag GmbH
Druck und Bindung: Books on Demand GmbH, Norderstedt Germany
ISBN: 978-3-640-17819-3

Dieses Buch bei GRIN:

http://www.grin.com/de/e-book/116085/selbstbeteiligung-bei-heil-und-hilfsmitteln-
in-der-gesetzlichen-krankenversicherung

Selbstbeteiligung bei Heil- und Hilfsmitteln in der Gesetzlichen Krankenversicherung

Diplomarbeit

Fakultät für Volkswirtschaftslehre
an der Universität Mannheim

Lehrstuhl für Volkswirtschaftslehre
insbesondere Planung und Verwaltung öffentlicher Wirtschaft

vorgelegt von:

Kristian Koch

im Oktober 2004

Ich danke meinen Eltern für die Unterstützung meines Studiums und für die medizinischen Ratschläge aus der vertragsärztlichen Praxis im Rahmen dieser Arbeit.

Dank auch an Frau Diplom-Volkswirtin Simone Neubauer für fachliche Anregungen, sowie insbesondere an Frau cand. rer. pol. Inga K. Maurer für die Korrekturarbeiten.

Alle Auslassungen, Fehler und Mängel gehen allein zu meinen Lasten.

Kristian Koch

Gliederung Seite

I. Abbildungsverzeichnis

II. Abkürzungsverzeichnis

BAÄK	Bundesausschuss der Ärzte und Krankenkassen
BHV	Bundesarbeitsgemeinschaft der Heilmittelverbände e.V.
BIP	Bruttoinlandsprodukt
BMGS	Bundesministerium für Gesundheit und Soziale Sicherung
bspw.	beispielsweise
BVA	Bundesverband der Augenärzte Deutschlands e.V.
BVMed	Bundesverband Medizintechnologie e.V.
bzgl.	bezüglich
bzw.	beziehungsweise
ebd.	ebenda
GEK	Gmünder Ersatzkasse
ggf.	Gegebenenfalls
GKV	Gesetzliche Krankenversicherung
GKV-NOG	GKV-Neuordnungsgesetz
GMG	Gesundheitsmodernisierungsgesetz
GRG	Gesundheitsreformgesetz
GSG	Gesundheitsstrukturgesetz
HfMR	Hilfsmittelrichtlinien
HMK	Heilmittelkatalog
HMR	Heilmittelrichtlinien
HMV	Hilfsmittelverzeichnis
HNO	Hals-Nasen-Ohren
HSC	Home supply and care
insb.	insbesondere
Jhrg.	Jahrgang
KV	Kassenärztliche Vereinigung

KVEG	Kostendämpfungs-Ergänzungsgesetz
KVKG	Krankenversicherungs-Kostendämpfungsgesetz
Mio.	Millionen
MPS	Medizinisch Pharmazeutische Studiengesellschaft
Mrd.	Milliarden
o.g.	oben genannte(r/n)
PKV	Private Krankenversicherung
RAND	Research and Development
SGB V	Sozialgesetzbuch -Fünftes Buch
SVR	Sachverständigenrat für die Konzertierte Aktion im Gesundheitswesen (seit 2004: Sachverständigenrat zur Begutachtung der Entwicklung im Gesundheitswesen)
u.a.	unter anderem
WIdO	Wissenschaftliches Institut der Ortskrankenkassen
z.B.	zum Beispiel
Ziff.	Ziffer

1 Einleitung

1.1 Problemstellung

Die demographische Entwicklung und der technologische Fortschritt stellen die Solidargemeinschaft der Gesetzlichen Krankenversicherung (GKV) vor wachsende Herausforderungen. Die verstärkte Inanspruchnahme von Gesundheitsleistungen hat zu einem überproportionalen Anstieg der Ausgaben gegenüber den Einnahmen der GKV geführt. Seit Mitte der siebziger Jahre findet daher eine schrittweise Reformierung der GKV mit dem primären Ziel der Kostendämpfung statt. Die Positionen bezüglich der Reform der GKV liegen dabei zwischen adaptiven Reformschritten und dem Wechsel zu einem alternativen Gesundheitssystem.[1]

Eine Kostendämpfungsmaßnahme, die hierbei immer wieder wie in „Konjunkturzyklen"[2] diskutiert wird, ist die Selbstbeteiligung. Sie soll die missbräuchliche Inanspruchnahme medizinischer Leistungen verhindern, indem sie das Kostenbewusstsein des Patienten fördert und ihm deutlich macht, dass zusätzliche medizinische Leistungen nicht zum Nulltarif erhältlich sind. Für nahezu jede Leistungsart existieren in der GKV bereits detaillierte Zuzahlungsregelungen[3].

Die Literatur zu den Voraussetzungen und Auswirkungen von Zuzahlungsregelungen in der GKV ist äußerst umfangreich. Dabei werden in den meisten Beiträgen der Arzneimittelmarkt und die Auswirkungen von Selbstbeteiligungsregelungen auf die Arzneimittelversorgung untersucht. In dieser Arbeit soll jedoch explizit der Heil- und Hilfsmittelsektor in Hinblick auf Voraussetzungen und Auswirkungen der Selbstbeteiligung untersucht werden. Diese isolierte Betrachtung des Leistungsbereichs der Heil- und Hilfsmittel ist trotz seines geringen Anteils an den GKV-Ausgaben aus unterschiedlichen Gründen von wissenschaftlicher Bedeutung.

Die Leistungserstellung im Heil- und Hilfsmittelsektor unterscheidet sich wesentlich von der Leistungserstellung im Arzneimittelsektor. Die Rationalisierungspotentiale sind auf der Angebotsseite des Heil- und Hilfsmittelsektors im Vergleich zu den Arzneimitteln beispielsweise wesentlich geringer, so dass Kostensteigerungen z.B. in

---

[1] vgl. SVR(2003), Ziffer 2
[2] KLOSE/SCHELLSCHMIDT(2001), S.120
[3] Im gesamten Verlauf der Arbeit werden die Begriffe Selbstbeteiligung, Zuzahlung, Kostenbeteiligung und Selbstbehalt synonym verwendet.

Form von Selbstbeteiligungen eine stärkere Bedeutung zukommt. Auch die Rolle des Patienten im Behandlungsprozess divergiert zwischen den einzelnen Leistungssektoren stark. Besonders der Heilmittelbereich impliziert für den Patienten eine hohe zeitliche Beteiligung am Therapieprozess. Die heterogene Struktur des Hilfsmittelsektors macht zudem eine isolierte Betrachtung dieses Bereiches notwendig, um klare Aussagen über die Wirkung einzelner Formen der Selbstbeteiligung treffen zu können.

1.2 Ziel und Aufbau der Arbeit

Diese Arbeit verfolgt zwei Ziele. Zum einen soll ein umfassender Überblick über die Rolle der Heil- und Hilfsmittel im deutschen Gesundheitswesen und das Angebot und die Nachfrage nach diesen Gesundheitsleistungen gegeben werden. Trotz der Kostensteigerungen in diesem Sektor untersuchen sehr wenige Arbeiten explizit diesen Sektor[4], in vielen Arbeiten werden zudem die Heil- und Hilfsmittel nicht getrennt vom Arzneimittelsektor dargestellt.[5] Zum zweiten sollen hieran anknüpfend die Selbstbeteiligungsregelungen im Bereich der Heil- und Hilfsmittel auf ihren Finanzierungs- und Steuerungswirkungen hin untersucht werden. Zu diesem Zweck kann auf eine umfangreiche Literatur zur Selbstbeteiligung zurückgegriffen werden[6], deren Ergebnisse jedoch möglicherweise nicht immer auf den Heil- und Hilfsmittelsektor angewendet werden können. Eine detaillierte empirische Analyse im Bereich der Heil- und Hilfsmittel wird zudem mangels empirischer Daten für den Bereich der Heil- und Hilfsmittel erschwert. Der Aufbau der Arbeit wird im Folgenden kurz dargestellt.

Zunächst wird ein Überblick über die Rolle der Heil- und Hilfsmittel in der GKV gegeben. Hierbei wird neben der Marktstruktur auch die Ausgabenentwicklung betrachtet. Im Anschluss werden Mechanismen betrachtet, welche die Versorgung mit Heil- und Hilfsmitteln in der GKV durch Beeinflussung des Patientenverhaltens und der Verordnungspraxis steuern. Mithilfe dieser grundlegenden Kenntnisse über den Heil- und Hilfsmittelsektor können im Anschluss die verschiedenen Selbstbeteiligungsregeln eingehend untersucht werden.

---

[4] vgl. ANDERSEN(1987), S.239
[5] vgl. u.a. DÜTTMANN(1978), MÜHLENKAMP(1991)
[6] vgl. beispielhaft SCHULENBURG (1987), CHOU(1993), PFAFF et al (2003)

Die Selbstbeteiligung im Gesundheitswesen wird im Folgenden theoretisch analysiert und die verschiedenen Grundformen der Zuzahlung dargestellt. In vielen Ländern herrschen über alle Leistungsarten hinweg gleiche Zuzahlungsregelungen, im deutschen Gesundheitswesen hingegen sind die Zuzahlungsregelungen sektoral sehr heterogen.[7] Darüber hinaus werden die Voraussetzungen der Steuerungswirkung von Selbstbeteiligungen eingehend betrachtet.

Abschließend wird die Selbstbeteiligung bei Heil- und Hilfsmitteln in der GKV eingehend diskutiert. Hierbei werden vor allem die besondere Rolle des Patienten im Leistungserstellungsprozess und die Gesetzgebung im Bereich der Finanzierung der Heil- und Hilfsmittelausgaben untersucht. Ein Vergleich mit der Ausgabenentwicklung gibt dabei Antwort auf die Frage, ob mit den entsprechenden Reformschritten tatsächlich die gewünschten Steuerungs- und Finanzierungseffekte erzielt werden konnten. Die Arbeit schließt mit einem Fazit und Empfehlungen, ob und in welcher Form der Ausgabenentwicklung im Heil- und Hilfsmittelbereich mit Hilfe von Zuzahlungsregelungen sinnvoll begegnet werden kann.

---

[7] vgl. SCHNEIDER(1999), S.17

2 Die Rolle der Heil- und Hilfsmittel in der GKV

2.1 Abgrenzung der Leistungsbereiche

Der Bereich der Heil- und Hilfsmittel umfasst eine Vielzahl äußerst heterogener Produkte und Dienstleistungen.[8] Neben modernen technischen Medizinprodukten wie
Dialyse- und Inhalationsgeräten umfasst der Sektor zudem handwerklich gefertigte
Produkte wie orthopädische Schuhe oder Körperersatzteile, sowie eine Vielzahl von
Dienstleistungen wie Massagen, Ergo- oder Sprachtherapie. Die Notwendigkeit einer
genauen Abgrenzung der beiden Leistungsbereiche ist 1989 aus den veränderten Zuzahlungsregelungen des Gesundheitsreformgesetzes (GRG) erwachsen, das eine unterschiedliche Selbstbeteiligung für Heil- und Hilfsmittel vorsah. Diese Abgrenzung
wurde von den Spitzenverbänden der Krankenkassen getroffen und vom Bundesausschuss der Ärzte und Krankenkassen (BAÄK) bei der Formulierung der Heil- und
Hilfsmittelrichtlinien übernommen.[9] Im Nachfolgenden werden die einzelnen Leistungsbereiche kurz dargestellt und gegeneinander abgegrenzt.

2.1.1 Heilmittel

Versicherte der GKV haben nach dem Sozialgesetzbuch – Fünftes Buch – Gesetzliche Krankenversicherung (SGB V) §32 Abs.1 Anspruch auf eine Versorgung mit
Heilmitteln. Das Bundesministerium für Gesundheit und Soziale Sicherung (BMGS)
kann durch Rechtsverordnung mit Zustimmung des Bundesrates Heil- und Hilfsmittel mit geringem oder umstrittenen therapeutischen Nutzen bzw. geringem Abgabe-
preis aus dem Leistungskatalog der GKV ausschließen. Werden Heilmittel im
Anwendungsgebiet ausgeschlossener Arzneimittel verwendet, so können diese Heilmittel ebenfalls von der Versorgung ausgeschlossen werden.[10] Der Begriff der Heilmittel wird vom Gesetzgeber jedoch nicht explizit definiert.

Laut BMGS werden Heilmittel eingesetzt „[...]um Krankheiten zu *heilen*, ihre Ver-
schlimmerung zu *verhindern* oder Krankheitsbeschwerden zu *lindern*. Zu den Heilmitteln gehören Dienstleistungen wie z.B. die physikalische Therapie (Massagen,
Krankengymnastik), die Stimm-, Sprech- und Sprachtherapie und die Ergothera-

---

[8] vgl. ULRICH(1988), S.35
[9] vgl. KNAPPE et al(2000), S.58f
[10] vgl. SGB V §34 Abs.4 und Abs.5

pie."[11] Ähnlich SPECKE: „Heilmittel sind Dienstleistungen, die einem Heilzweck *dienen* oder einen Heilerfolg *sichern* und nur von entsprechend ausgebildeten Personen erbracht werden dürfen.[12] Heilmittel können somit präventiv, therapeutisch und analgetisch eingesetzt werden. Beide Definitionen betonen den Dienstleistungscharakter von Heilmitteln. Der Gesetzgeber macht keine konkreten Angaben zum Dienstleistungscharakter von Heilmitteln, sondern belässt es im §124 Abs 1 SGB V lediglich bei einer Aufzählung von Heilmitteln, die jedoch die Existenz sächlicher Heilmittel nicht ausschließt. Diese sächlichen Heilmittel werden jedoch vom BAÄK in die Rubrik der Hilfsmittel gruppiert.[13]

2.1.2 Hilfsmittel

Die Versorgung mit Hilfsmitteln in der GKV ist in §33 SGB V geregelt. Demnach „haben [Versicherte] Anspruch auf Versorgung mit Seh- und Hörhilfen, Körperersatzstücken, orthopädischen und anderen Hilfsmitteln, die im Einzelfall erforderlich sind, um den Erfolg der Krankenbehandlung zu *sichern*, einer drohenden Behinderung *vorzubeugen* oder eine Behinderung *auszugleichen*, soweit die Hilfsmittel nicht als allgemeine Gebrauchsgegenstände des täglichen Lebens anzusehen oder nach SGB V § 34 Abs. 4 ausgeschlossen sind."[14] Brillengestelle sind von der Versorgung ausgeschlossen.[15] Im Gegensatz zu Heilmitteln steht bei Hilfsmitteln der Ausgleich und die Aufrechterhaltung von Körperfunktionen im Vordergrund, eine Wiederherstellung des ursprünglichen Gesundheitszustands wird nicht erreicht. Bei Hilfsmitteln handelt es sich zudem um „sächliche Mittel oder technische Produkte, die dazu dienen, Arzneimittel oder andere Therapeutika, die zur inneren Anwendung bestimmt sind, in den Körper zu bringen (z.B. Spritzen, Inhalationsgeräte und ähnliche Applikationshilfen)."[16] Somit handelt es sich bei Hilfsmitteln auch um Komplementärprodukte zum Arzneimittelsektor; Regelungen zum Selbstbehalt in den beiden Sektoren haben möglicherweise wechselseitige Auswirkungen. Als Beispiel seien hier Blutzuckermessgeräte genannt, für deren Gebrauch Blutzuckerteststreifen benötigt werden, die wiederum pharmakologisch wirken und somit den Arzneimitteln zuzuordnen sind.

---

[11] BMGS(2004a), S.1, eigene Hervorhebungen
[12] SPECKE(2000), S.331, eigene Hervorhebungen
[13] vgl. KNAPPE et al(2000), S.59
[14] SGB V §33 Abs.1 Satz 1, eigene Hervorhebungen
[15] vgl. SGB V §33 Abs.1 Satz 2
[16] BAÄK(2004), Ziffer 2.4

Zusätzlich zur Versorgung mit Hilfsmitteln umfasst der Anspruch der Versicherten neben notwendigen Änderungen, Instandsetzung und Ersatzbeschaffung auch die Ausbildung zum Gebrauch der Hilfsmittel.[17] Hilfsmittel sind zudem wiederverwendbar und können dem Versicherten auch leihweise überlassen werden; eventuell wird für ihren Gebrauch eine Schulung benötigt.[18] Der effektive und effiziente Einsatz von Hilfsmitteln setzt somit in den meisten Fällen eine aktive Rolle des Patienten voraus.

2.2 Marktstruktur

In der GKV existieren sowohl staatliche als auch marktwirtschaftliche Steuerungsmechanismen. Mit dem GMG hat auch eine Ausweitung von Wettbewerbselementen auf die Vertragsbeziehungen zwischen Krankenkassen und Hilfsmittellieferanten mit dem Ziel stattgefunden, den Qualitäts- und Preiswettbewerb zu intensivieren.[19] Die praktische Ausgestaltung der Vertragsbeziehungen und folglich auch die Kostenentwicklung in diesem Sektor hängt dabei stark von der Marktstruktur des jeweiligen Sektors ab. Die Angebotsstruktur im Heil- und Hilfsmittelbereich ist äußerst vielfältig und gilt auch innerhalb der GKV als intransparent. So rechnete bspw. allein die Gmünder ErsatzKasse (GEK) 2003 mit 60.413 verschiedenen Anbietern von Heil- und Hilfsmitteln ab.[20] Im Folgenden wird daher die Struktur der Angebots- und Nachfrageseite im Heil- und Hilfsmittelbereich genauer betrachtet, um die Marktstruktur und Möglichkeiten der Preisgestaltung der Leistungserbringer in diesem Sektor deutlich zu machen.

2.2.1 Struktur der Angebotsseite

Die Angebotsseite im Heilmittelbereich gliedert sich in selbständige Heilmittelpraxen und angestellte Heilmittelerbringer in Krankenhäusern oder sonstigen stationären Einrichtungen. Bei der Berufsgruppe der Heilmittelerbringer (medizinische Bademeister, Masseure, Krankengymnasten, Ergotherapeuten, Physiotherapeuten und Logopäden) handelt es sich um freiberufliche Tätigkeiten, die einer staatlichen Approbation bedürfen. Die Verhandlungen zur Leistungsvergütung mit den Krankenkassen werden dabei in der Regel von den Berufsverbänden auf Landesebene

---

[17] vgl. SGB V §33 Abs.1 Satz 2
[18] vgl. SGB V §33 Abs.5
[19] vgl. SCHMIDT(2003), S.20
[20] vgl. GEK(2004b), S.7

geführt.[21] Die sechs größten Berufsverbände der Heilmittelerbringer sind dabei in der Bundesarbeitsgemeinschaft der Heilmittelverbände e.V. (BHV) zusammengeschlossen. Diese vertritt ca. 40.000 Heilmittelpraxen und die 200.000 Berufsangehörigen der Mitgliedsverbände.[22]

Im Heilmittelbereich sieht sich der Nachfrager somit einer atomistischen Angebotsstruktur gegenüber und ist in der Wahl des Leistungserbringers nicht eingeschränkt. Da für die Heilmittelberufe keine Niederlassungsbeschränkungen bestehen, ist die Angebotsdichte Ergebnis eines wettbewerblichen Prozesses. Durch den hohen Organisationsgrad der Heilmittelberufe in den Berufsverbänden sehen sich die Krankenkassen jedoch einem Monopol auf Landesebene gegenüber, so dass vom Berufsverband höhere Preise durchsetzbar sind, als bei einzelvertraglichen Verhandlungen für die Heilmittelerbringer oder bei einem überregionalen Wettbewerb der Verbände erzielbar wären.[23]

Die Hilfsmittel des GKV-Leistungsangebots sind als Produktgruppe Teil des Marktes für Medizinprodukte. Die Produktionsstruktur in der Medizinproduktindustrie umfasst vor allem kleine bis mittlere Unternehmen, es existieren keine Hersteller mit marktbeherrschender Stellung.[24] Der Gesamtumsatz der Medizinproduktindustrie in Deutschland betrug 2003 bei einer Beschäftigtenzahl von über 100.000 Mitarbeitern 18 Mrd. Euro.[25] Das Angebot an Hilfsmitteln lässt sich aufgrund seiner heterogenen Struktur in verschiedene Teilmärkte segmentieren.

Der Teilmarkt für orthopädische Hilfsmittel (z.B. Prothesen, orthopädische Schuhe) weist eine traditionelle handwerkliche Struktur auf. Die individuell angepassten Hilfsmittel werden dabei direkt an den Versicherten abgegeben. Die Preisverhandlungen werden zwischen Krankenkassen und Berufsverbänden oder Innungen der einzelnen Hilfsmittelhersteller geführt.[26] Die Befähigung zum Angebot von GKV-erstattungsfähigen Hilfsmitteln erfolgt durch die Handwerksprüfung der zuständigen Handwerkskammer. Der Bundesinnungsverband für Orthopädie-Technik weist für

---

[21] vgl. ULRICH(1988), S.123
[22] vgl. BHV(2004)
[23] vgl. BREYER/ZWEIFEL/KIFMANN(2003⁴), S.462ff
[24] vgl. KNAPPE et al(2000), S.17ff
[25] vgl. BVMed(2004)
[26] vgl. ULRICH(1988), S.113

die Branche 36.000 Mitarbeiter aus.[27] Die Anzahl der orthopädischen Betriebe betrug Ende 2003 1.873 mit einer durchschnittlichen Mitarbeiterzahl von 19,7, wobei nur knapp jeder dritte Betrieb mehr als 20 Mitarbeiter beschäftigte.[28]

Einen bedeutenden Teilmarkt im Hilfsmittelsektor stellt der Markt für Hör- und Sehhilfen dar. Bei der Abgabe von Hörhilfen und Sehhilfen sind neben den Hörhilfeakustikern bzw. Augenoptikern auch die Fachärzte zur Abgabe von bestimmten Hilfsmitteln berechtigt. Im Rahmen der sogenannten „verkürzten" Versorgung bei Hörhilfen nimmt der HNO-Arzt ergänzend zu den Hörkenndaten einen Ohrabdruck beim Patienten und bezieht ein entsprechendes Hörgerät vom Direktanbieter. Der Patient hat zudem die Möglichkeit, das Hörgerät beim Akustiker seiner Wahl auszuwählen und anpassen zu lassen. Bei beiden Vertriebswegen hat der Patient die Wahl zwischen zuzahlungsfreien und zuzahlungspflichtigen Geräten.[29] Auch Kontaktlinsen können direkt vom Augenarzt angeboten und vom Direktanbieter geliefert werden.[30] Dieser Vertriebsweg wird von vielen Patienten gewählt, da aufgrund der vergleichsweise homogenen Qualität von Kontaktlinsen und der geringen Preisspannen auf diesem Markt eine mögliche Preisersparnis durch Vergleich verschiedener Anbieter in den meisten Fällen sehr niedrig ausfällt.

Ähnlich der Kooperation zwischen HNO-Ärzten und Herstellern von Hörgeräten strebt auch der Bundesverband der Augenärzte Deutschlands e.V. (BVA) eine Abgabe von Brillengläsern inklusive Gestell durch den Augenarzt an.[31] Auf dem Markt für Sehhilfen, der sich im Vergleich zu den anderen Hilfsmittelmärkten im Laufe der vergangenen Jahrzehnte am stärksten geändert hat, steht damit möglicherweise die Öffnung eines neuen, voll entwickelten Vertriebskanals bevor: Herrschten auf dem Markt für Sehhilfen bis Ende der siebziger Jahre noch einzelne Augenoptiker mit Inhaberbetrieben vor, so hat sich bis heute ein dichtes Netz großer Filialisten entwickelt, die den Versicherten ein umfangreiches Sortiment von Brillengestellen und Gläsern unterschiedlicher Qualität bieten.[32] Die zehn größten Augenoptiker-Unternehmen erzielten 2003 einen Umsatzanteil von 35,7% des Branchen-

---

[27] vgl. OT-FORUM(2004)
[28] ebd.
[29] vgl. PRESSESERVICE GESUNDHEIT(2001), S.2
[30] vgl. ULRICH(1988), S.115
[31] vgl. BVA(2004)
[32] vgl. ULRICH(1988), S.115

Gesamtumsatzes (netto) von 3,83 Mrd. Euro.[33] Der Markt für Sehhilfen entspricht in vielen Elementen dem Gütermarkt eines ‚normalen' Konsumguts, auf dem durch mehrere Anbieter unterschiedlicher Größe ein Druck zu Produktinnovationen, zusätzlichen Serviceangeboten und einem Preiswettbewerb entsteht.[34] Der Anteil der GKV-Leistungen am Gesamtumsatz der Branche liegt bundesweit lediglich bei 18%.[35] Das Augenoptikerhandwerk kann zudem bei der Herstellung optischer Gläser und Brillengestellen stärker als bspw. die Orthopädietechnik von der industriellen Massenproduktion und der Internationalisierung der Märkte profitieren.

Das Angebot an sonstigen Hilfsmitteln umfasst Stoma- und Inkontinenzprodukte, Bandagen, Mobilitätshilfen, technische Applikationen wie Inhalationsgeräte, Blutzuckermessgeräte etc.[36] Sie werden über die Vertriebswege Apotheke, Sanitätsfachhaus oder den Direktvertrieb angeboten. Dabei gewinnen die Apotheken sowie das Internet als neue Vertriebswege für Hilfsmittel zunehmend an Bedeutung und „[...] werden mehr oder weniger automatisch überdurchschnittlich von der demographischen Entwicklung der Bevölkerung profitieren [...]"[37]. Das Gesundheitshandwerk und der Gesundheitseinzelhandel nehmen jedoch immer noch eine dominierende Stellung als Vertriebswege für Hilfsmittel ein. Im Jahr 2000 fielen knapp 90% der Gesamtausgaben von 11,49 Mrd. € im Gesundheitshandwerk und Gesundheitseinzelhandel an, lediglich 738 Mio. € entfielen auf Apotheken.[38]

Dieser Teilmarkt wird dabei von wenigen großen Herstellern dominiert, die oft in einem spezifischen Marktsegment eine bedeutende Stellung einnehmen. Im Jahr 2002 konzentrierten sich über 54% des Gesamtumsatzes von insgesamt 600 Anbietern auf 10 Hersteller. So erzielte beispielsweise Roche Diagnostics im Jahr 2002 vor allem mit Blutzuckermessgeräten einen Marktanteil von 16,5% im Hilfsmittelmarkt der öffentlichen Apotheken, SCA Hygiene Products erzielte einen Marktanteil von 6,6% ausschließlich durch den Verkauf von Inkontinenzprodukten.[39]

---

[33] vgl. ZENTRALVERBAND DER AUGENOPTIKER(2004), S.4
[34] vgl. MEYER(1993), S.38
[35] vgl. ZENTRALVERBAND DER AUGENOPTIKER(2004), S.3
[36] vgl. BVMed(2004)
[37] HUNDHAUSEN(1997), S.934
[38] vgl. STATISTISCHES BUNDESAMT(2002), Tab. 18.16.3, S.444
[39] vgl. NDCHealth(2004)

Die Krankenkassen können ihren Mitgliedern ebenfalls bestimmte Hilfsmittel (Gehhilfen, Rollstühle) zum leihweisen Gebrauch anbieten und ihren eigenen Bedarf wiederum über Einzelverträge mit Herstellern oder über die o.g. Vertriebswege decken. Die Krankenkassen haben darüber hinaus die Möglichkeit, im Rahmen einer Homecare-Versorgung[40] Exklusivverträge mit einzelnen Leistungserbringern zu schließen. Das Angebot wird hierdurch für den Patienten auf das Sortiment eines Anbieters reduziert.[41]

2.2.2 Struktur der Nachfrageseite

Die Betrachtung der Nachfrageseite beschränkt sich mit Hinblick auf die Themenstellung auf die Nachfrage durch den Versicherten und die Krankenkassen, obwohl bspw. Hilfsmittel im großen Umfang auch durch den ambulanten und stationären Sektor nachgefragt werden.[42] Bei der Nachfrage nach Heil- und Hilfsmitteln hat der Versicherte grundsätzlich die Möglichkeit, eine Selbstmedikation vorzunehmen und die zur Linderung der gesundheitlichen Störungen benötigten Dienstleistungen und Medizinprodukte selbst zu beschaffen oder sich von einem Arzt die ggf. benötigten medizinischen Leistungen verordnen zu lassen.

Im Falle einer Selbstmedikation entscheidet der Versicherte eigenständig über Art und Umfang der medizinischen Maßnahme, nimmt die Leistung in Anspruch und zahlt diese Leistung aus eigenen Mitteln. Leistungen können auch bei Anbietern nachgefragt werden, die nicht im gültigen Heil- und Hilfsmittelverzeichnis[43] aufgeführt sind. Dabei sind die Möglichkeiten der Selbstmedikation mit Heil- und Hilfsmitteln im Vergleich zu Arzneimitteln nicht auf nicht-verschreibungspflichtige Artikel begrenzt. Der Versicherte ist somit in der Lage, jedes gewünschte Heil- oder Hilfsmittel auch ohne Verordnung durch den Arzt oder bei Ablehnung der Kostenübernahme durch die Krankenkasse zu Marktpreisen nachzufragen.

Wird ein Arzt aufgesucht, so ergibt sich die für GKV-Leistungen übliche Dreiteilung der Nachfrage: Die Leistung wird vom Arzt verordnet, vom Patienten nachgefragt

---

[40] Unter Homecare versteht man die Betreuung und therapeutische Versorgung von Patienten zu Hause mit vergleichbarer Qualität wie im Krankenhaus. Es geht um die Versorgung von Patienten mit beratungsintensiven medizinischen Produkten und Hilfsmitteln. Die Versorgung wird durch medizinisch geschultes Personal sichergestellt und erfolgt im Rahmen einer ärztlichen Therapie. (vgl. BVMed(2004), Glossar und Wörterbuch)
[41] vgl. BVMed(2003)
[42] KNAPPE et al(2000), S.18
[43] siehe Kapitel 3.2.2

und von der Krankenkasse bezahlt.[44] Der Patient tritt dabei die Nachfrageentscheidung an den wesentlich besser informierten Arzt ab und kann selbst lediglich entscheiden, ob er den Ratschlag bzw. die Verordnung des Arztes befolgt. Lässt der Arzt bei der Verordnung seine eigenen Interessen einfließen und versucht er, sein Einkommen mittels seines Verordnungsverhaltens zu maximieren, so spricht man auch von ‚anbieterinduzierter Nachfrage'[45]. Mittel der Steuerung des Verordnungsverhalten des Arztes werden in Kapitel 3.4 dargestellt. Die Krankenkasse kann im individuellen Fall der Verordnung lediglich bei einer Verordnung von Heilmitteln außerhalb des Regelfalls die Kostenübernahme ablehnen und muss dieses gegenüber dem Patienten begründen.[46]

Im Hilfsmittelsegment ist jedoch nicht nur der Versicherte als direkter Nachfrager von Interesse. Auch die Landesverbände der Gesetzlichen Krankenkassen können durch Kollektivverträge Hilfsmittellieferungen für Hilfsmittel, deren Festbetrag nicht festgelegt wurde[47], mit den Verbänden der Leistungserbringer vereinbaren. In diesen Kollektivverträgen werden die Preise der Hilfsmittel für die Krankenkasse, sowie Einzelheiten der Versorgung und Wiederverwendungsmöglichkeiten festgelegt. Darüber hinaus kann das Nachfrageverhalten des einzelnen Versicherten durch Einzelverträge zwischen Krankenkassen und Leistungserbringern beeinflusst werden, indem die Krankenkassen die Versicherten exklusiv über diese Versorgungsmöglichkeit informieren.[48] So hat der Bundesverband der Innungskrankenkassen bereits einen Mantelvertrag mit einer einzelnen Versandapotheke geschlossen, welche die Hauslieferungen von Diabetesmaterial im Rahmen von Diabetes Disease Management Programmen übernimmt.[49]

Das Sachleistungsprinzip der GKV und eine Vollversicherung des Krankheitskostenrisikos führen dabei auch im Heil- und Hilfsmittelbereich zu einer preisunelastischen Nachfrage nach Gesundheitsleistungen, die von den Versicherten im Extremfall bis zur Sättigungsgrenze ausgeweitet wird. „Die Nachfrageseite ist insofern dadurch gekennzeichnet, dass gerade diejenigen die Nachfrage bestimmen, die keinen oder

---

[44] vgl. CHOU(2003), S.18f
[45] vgl. BREYER/ZWEIFEL(2003[4]), S.310
[46] siehe Anhang A.1
[47] Näheres hierzu vgl. Kapitel 3.2.2
[48] vgl. SCHMIDT(2003), S.21
[49] vgl. DIENST FÜR GESELLSCHAFTSPOLITIK(2003), S.7f

nur einen geringen Anreiz zu wirtschaftlichem Handeln verspüren [...]."[50] Es kommt somit zum „Moral Hazard"-Verhalten des Versicherten, das u.a. die Ausgabenentwicklung bei den Heil- und Hilfsmitteln bestimmt.

2.3 Ausgabenentwicklung bei Heil- und Hilfsmitteln in der GKV

Die Ausgaben für Heil- und Hilfsmittel inklusive Dialyse betrugen nach den vorläufigen Rechnungsergebnissen des BMGS für das Jahr 2003 in der GKV knapp 9,3 Mrd. €. Hiervon entfielen 5,3 Mrd. € auf die Hilfsmittel und 3,8 Mrd. € auf die Heilmittel. Der Ausgabenanteil für Heil- und Hilfsmittel betrug damit 6,3% der gesamten GKV-Ausgaben. Der Anteil der Heil- und Hilfsmittel an den Gesamtkosten ist damit höher als der Kostenanteil für die Zahnärztliche Behandlung ohne Zahnersatz (5,54%).[51] Abbildung 1 stellt die Zusammensetzung der Ausgaben im Heil- und Hilfsmittelbereich dar. Hierbei wird der große Anteil von Massagen, Bädern und manueller Therapie (31,63%) an den Heilmittelausgaben deutlich. Bei den Hilfsmitteln werden in der folgenden Analyse besonders der Bereich der Hör- und Sehhilfen sowie die orthopädischen Hilfsmittel untersucht werden, die zusammen über 70% der Hilfsmittelausgaben ausmachen.

Abbildung 1:
Struktur der GKV-Ausgaben für Heil- und Hilfsmittel

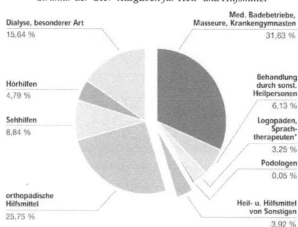

Quelle: ALLGEMEINE ORTSKRANKENKASSEN-BUNDESVERBAND(2004)

---

[50] REICHELT(1994), S.89
[51] vgl. BMGS(2004c), Finanzergebnisse

Die Ausgaben für Heil- und Hilfsmittel in der GKV sind eindeutig altersabhängig. Sie steigen bei Männern und Frauen ab dem 40. Lebensjahr durchgängig an und folgen ab dem 75. Lebensjahr einem besonders steilen Verlauf. Bei Frauen besteht zudem besonders während der Schwangerschaft ein erhöhter Bedarf an Heilmitteln.[52] Allerdings ist im Ausgabenprofil der Heil- und Hilfsmittel im Gegensatz zu den GKV-Gesamtausgaben keine Versteilerung des Profilverlaufs im Zeitablauf festzustellen.[53] Eine separate Betrachtung der Heilmittel zeigt jedoch, dass der Anteil an Versicherten, die Heilmittelverordnungen erhalten, nur geringfügig ansteigt und über alle Altersgruppen zwischen 22-24% liegt. Der Anteil an Versicherten mit Hilfsmittelverordnungen steigt hingegen von rund 20% bei den unter 40jährigen auf über 40% bei den älteren Versicherten an.[54]

Neben dem Ausgabenvolumen und der Ausgabenverteilung für Heil- und Hilfsmittel in der GKV sind vor allem die langfristige Ausgabenentwicklung dieses Bereiches und die anteilige Entwicklung an den Gesamtausgaben von Interesse. Im Zeitraum 2002 bis 2003 stiegen die Ausgaben für Hilfsmittel in der GKV um 4,5% und die Ausgaben für Heilmittel um 4,8% überproportional zu den Gesamtausgaben der GKV für medizinische Leistungen, die um 1,7% stiegen.[55] Die geringe Ausgabensteigerung in der GKV ist jedoch vor allem auf den starken Ausgabenrückgang in den Bereichen des Krankengeldes, der Betriebs- und Haushaltshilfen und dem Sterbegeld zurückzuführen. In diesen Leistungsbereichen konnten fast alle Kassenarten erhebliche Ausgabenrückgänge erzielen.[56] Ein Blick auf die Veränderung der ärztlichen Behandlung (+2,7%), der Arzneimittel (+2,0%)[57] und der Krankenhausbehandlung (+1,8%) zeigt jedoch, dass die Heil- und Hilfsmittel auch ohne Berücksichtigung dieses Umstands eine der höchsten Wachstumsraten im therapeutischen Leistungsbereich aufweisen.

Auch langfristig sind die Ausgaben für Heil- und Hilfsmittel in der GKV überproportional gestiegen. Insgesamt erhöhten sich die GKV-Ausgaben im Zeitraum 1960-1999 um das 26,9fache (von 9,3 Mrd. DM auf 255,3 Mrd. DM), wobei die Ausgaben

---

[52] vgl. HOF(2001), S.54ff
[53] ebd. S.59, Schaubild 13a
[54] vgl. GEK(2004b), S.48
[55] vgl. BMGS(2004c), Vordruck KV 45, siehe Anhang A.2
[56] vgl. Anhang A.2
[57] Der Posten ‚Arzneimittel' beinhaltet auch die Kosten für Heil- und Hilfsmittel, so dass die tatsächliche Kostensteigerung für pharmazeutische Produkte sogar noch unter 2,0% liegt, wenn man die überproportionale Steigerungsraten der Heil- und Hilfsmittel berücksichtigt.

für Arzneimittel (34fache Zunahme), die stationäre Behandlung (53,5fache) und Heil- und Hilfsmittel (88,6fache) überproportional stiegen. Die Heil- und Hilfsmittel verzeichnen den mit Abstand stärksten Anstieg und standen 1999 für einem Anteil von 7,4% der GKV-Ausgaben im Vergleich zu 2,2% im Jahr 1960.[58]

Detaillierte langfristige Aussagen zur Ausgabensteigerung sind insbesondere im Heil- und Hilfsmittelbereich aus verschiedenen Gründen problematisch. Zum einen wird der Bereich der Heil- und Hilfsmittel erst ab 2000 in der amtlichen Statistik getrennt vom Arzneimittelbereich ausgewiesen. Zum Anderen ist vor allem im Hilfsmittelbereich die Ausgabensteigerung auch auf die Aufnahme neuer Behandlungsmethoden (Dialyse) und Produkte (Hörhilfen) zurückzuführen. Betrug bspw. der Anteil der ‚Hilfsmittel von anderen Stellen' an den GKV-Behandlungsausgaben 1970 noch 3,3%, so ist der Anstieg auf einen Anteil von 6,6% im Jahre 1984 zu großen Teilen auf den hinzugekommenen Ausgabenanteil für Dialyse und Hilfsmittel besonderer Art (1,4%) sowie Hörhilfen (0,4%) zurückzuführen.[59]

Abbildung 2:
GKV-Aufwendungen (1991-2002) für Heil- und Hilfsmittel (in Mrd. €)

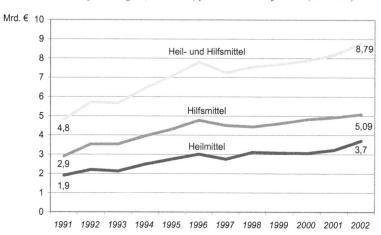

Quelle: BMGS(2004c), Tabelle KF03Bund

---

[58] vgl. OBERENDER/HEBBORN/ZERTH(2002), S.41
[59] vgl. ULRICH(1988), S.50

Die Ausgabenentwicklung für Heil- und Hilfsmittel für den Zeitraum 1991-2002 gibt Abbildung 2 wieder. Dabei zeigt sich kein kontinuierlicher Anstieg der GKV-Ausgaben, sondern auch Ausgabenrückgänge in einzelnen Jahren (1993, 1997). Insgesamt sind die Leistungsausgaben für Heil- und Hilfsmittel im Zeitraum 1991-2002 um 83% gestiegen, dies entspricht einer durchschnittlichen jährlichen Wachstumsrate von 5,65%. Das Wachstum der gesamten Leistungsausgaben betrug im betrachteten Zeitraum jedoch lediglich 53,4%.[60] Der Anteil der Ausgaben für Heil- und Hilfsmittel an den Gesamtausgaben stieg somit von 1991 bis 2002 von 5,13% auf 6,1%. Abbildung 3 zeigt, dass dieses überproportionale Wachstum der GKV-Ausgaben im Heil- und Hilfsmittelbereich nicht auf die Ausgabenentwicklung einzelner Jahre zurückzuführen ist, sondern dass seit 1992 die Veränderungsrate der Heil- und Hilfsmittelausgaben in *jedem* Jahr über der Veränderungsrate der Gesamtausgaben lag.

Abbildung 3:
jährliche Veränderungsraten der GKV- Ausgaben je Mitglied in Prozent (1992-2000)

	1992	1993	1994	1995	1996	1997	1998	1999	2000
Leistungsausgaben insgesamt	13,7	0,4	8,9	5,1	3,1	-2,2	1,9	2,1	2,0
Heil- und Hilfsmittel	16,6	3,3	14,2	9,8	9,3	-4,5	5,5	-3,9	2,8

Quelle: BMGS(2001), S.383

Als problematisch für eine isolierte Betrachtung der langfristigen Ausgabenentwicklung bei Heil- und Hilfsmitteln erweist sich die Erfassung und Ausweisung dieser Leistungsbereiche zusammen mit den Ausgaben für Arzneimittel durch das Statistische Bundesamt.. Erst ab 2001 erlaubt die überarbeitete Gliederung der Leistungsarten Aufschluss über die Ausgaben für Hilfsmittel der einzelnen Leistungsträger. Die Ausgaben für Heilmittel hingegen sind Bestandteil verschiedener Leistungsbereiche und können auch nicht eindeutig über die Gliederung nach Einrichtungen ermittelt werden.[61] Vergleicht man jedoch die Gesamtausgaben für Hilfsmittel aller Ausgabenträger in Deutschland mit den GKV-Ausgaben für Hilfsmittel des gleichen Zeitraums, so zeigt sich ein abnehmender Anteil der GKV am Ausgabenvolumen für Hilfsmittel von 47% auf 42%. Ausgaben für Hilfsmittel werden folglich auf andere Ausgabenträger (z.B. private Haushalte) verlagert (Abbildung 4).

---

[60] vgl. BMGS(2004c), Tabelle KF03Bund
[61] vgl. STATISTISCHES BUNDESAMT(2002), S.442

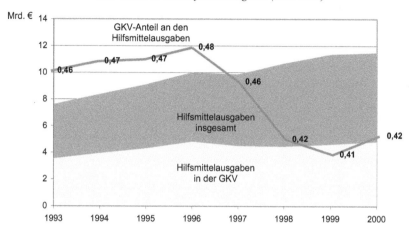

Abbildung 4:
GKV-Anteil an den Hilfsmittelausgaben (1993-2000)

Mrd. €

GKV-Anteil an den Hilfsmittelausgaben

0,46 · 0,47 · 0,47 · 0,48 · 0,46 · 0,42 · 0,41 · 0,42

Hilfsmittelausgaben insgesamt

Hilfsmittelausgaben in der GKV

1993 1994 1995 1996 1997 1998 1999 2000

Quelle: BMGS(2001), S.388; STATISTISCHES BUNDESAMT(2002), S.442
eigene Berechnungen

Selbstbeteiligungsregelungen im Bereich der Hilfsmittel können ein Auslöser dieser Ausgabenverschiebung sein. Zudem darf nicht unterschätzt werden, dass es sich bei der Gesundheitsbranche insgesamt um eine Wachstumsbranche handelt, für die in der Gesellschaft aufgrund veränderter Präferenzen der Wille bestehen kann, zusätzliche Ressourcen zu investieren und von der gesamtwirtschaftliche Beschäftigungs- und Wachstumsimpulse ausgehen können. Die zukünftige Entwicklung des Heil- und Hilfsmittelmarktes wird daher im Folgenden kurz skizziert.

2.4 Entwicklung des Heil- und Hilfsmittelsektors

Es wird damit gerechnet, dass der Anteil der Gesundheitsausgaben am Bruttoinlandsprodukt (BIP) in Deutschland von ca. 10% (2001) auf 18% (2040) steigen wird.[62] Diese Entwicklung spiegelt sich auch in einem wachsenden Marktumfang, veränderten Marktstrukturen und nicht zuletzt möglichen Beschäftigungsperspektiven im Heil- und Hilfsmittelbereich wieder.

---

[62] vgl. NEUBAUER(2004), S.41

2.4.1 Entwicklung der Märkte

Marktumfang und Marktstruktur bei den Heil- und Hilfsmitteln hängen vor allem von der demographischen Entwicklung und der Rolle des technologischen Fortschritts im Gesundheitswesen ab. Je nach medizinischem Bedarf und Einsatz medizinisch-technischer Innovationen verschiebt sich möglicherweise der Anteil der jeweiligen Teilmärkte im Hilfsmittelbereich.

Berechnungen des rein demographischen Effekts auf die Ausgaben in diesem Bereich zeigen, dass bei unterschiedlichen demographischen Szenarien die Ausgaben für Heil- und Hilfsmittel im Vergleich zu allen anderen Leistungsbereichen am stärksten steigen. Bei Annahme eines konstanten Kostenprofils, unveränderter Geburtenentwicklung mit spürbar steigender Lebenserwartung und unter Verzicht auf Nettozuwanderung steigen die Ausgaben für Heil- und Hilfsmitteln bis 2050 um 88,1% bei Männern (Frauen: 54,6%).[63] Demographiebedingt ergibt sich somit ein wachsender Markt für Heil- und Hilfsmittel.

Heil- und Hilfsmittel werden derzeit insbesondere in den medizinischen Bereichen Augen, Bewegungsapparat, Diabetologie und Orthopädie eingesetzt. Für alle diese Bereiche wird lediglich ein moderater Anstieg des Bedarfs aufgrund der demographischen Entwicklung prognostiziert. Hingegen steigt besonders der Bedarf für obstruktive Lungenerkrankungen, Herz-Kreislauferkrankungen und den operativen und rehabilitativen Bereich.[64] Typisch für den Krankheitsverlauf bei älteren Menschen ist die Multimorbidität, also das gleichzeitige Auftreten kausal abhängiger oder unabhängiger akuter Krankheiten, und die Zunahme von Polypathie, also mehr oder weniger ruhenden Leiden.[65]

Diese „gleichzeitige Präsenz mehrerer Gesundheitsstörungen"[66] lässt nur tendenzielle Aussagen zur Entwicklung der einzelnen Teilmärkte im Heil- und Hilfsmittelbereich zu. Wenig profitieren von der demographischen Entwicklung werden der Markt für Sehhilfen, sowie der Heilmittelmarkt im Bereich der Massagen, Krankengymnastik, Ergotherapie und Logopädie, da diese Leistungen bereits im jungen bzw. jugendli-

---

[63] vgl. HOF(2001), S.134f
[64] vgl. SVR(1996), Tabelle 3
[65] vgl. SCHRAMM(1996), S.20
[66] SVR(1996), Ziff. 30

24

chen Alter in Anspruch genommen werden.[67] Aufgrund der steigenden Diabetesprävalenz in Deutschland[68] sowie die mit der Multimorbidität einhergehende Zunahme mikrovaskulärer Erkrankungen kann zudem mit einem stark wachsenden Anteil der Dialyse an den Hilfsmittelausgaben gerechnet werden. Auch die Ausgaben für orthopädische Schuhe und Einlagen stehen häufig im Zusammenhang mit dem Krankheitsbild Diabetes.[69] Aufgrund der Zunahme von Einzelhaushalten und der überdurchschnittlichen Zunahme der Anzahl der Hochbetagten steigt darüber hinaus die Anzahl der mobilitätsbehinderten Personen, die auf technische Hilfsmittel angewiesen sind.[70] Anhand von Erhebungen zum Anteil mobilitätsbehinderter Deutscher in den verschiedenen Altersgruppen[71] kann trotz einer Bevölkerungsabnahme von 2000 bis 2020 um 2,2% ein Anstieg des Bedarf an technischen Mobilitätshilfen (z.B. Gehhilfen wie Krücken und Rollstühlen) um 30% für diesen Zeitraum berechnet werden. Dies entspricht einem absoluten Zuwachs von über 850.000 Personen.[72]

Darüber hinaus haben neue Formen der integrierten Versorgung (managed care, Disease Management Programme, Home supply and care (HSC), Hausarztmodelle) sowie die neue Möglichkeit der selektiven Kontrahierung der Krankenkassen mit einzelnen Leistungsanbietern vielfältige Auswirkungen auf die Rolle der Anbieter und Nachfrager im Heilmittelmarkt und insbesondere auf die Strukturen der Medizinproduktindustrie.[73] Zudem werden HSC-Geschäftsmodelle zur Begleitung der Patienten nach der stationären Behandlung durch Belieferung mit Medizinprodukten und häuslicher Betreuung die Versorgung mit Hilfsmitteln entscheidend beeinflussen.[74] Auf eine genaue Analyse dieser Entwicklung wird an dieser Stelle in Anbetracht der Themenstellung dieser Arbeit und Komplexität der strukturellen Entwicklung im Gesundheitswesen verzichtet.

---

[67] vgl. SCHRÖDER/WALTERSBACHER/FAEHRMANN(2003), S.14
[68] Schätzungen der WHO gehen von einer Zunahme der Diabetes mellitus (Typ-2) Prävalenz in den Industriestaaten von 42% bis 2025 aus. Für Deutschland wird ein Anstieg der Prävalenz von 2,1% (1995) auf 2,8%(2025) prognostiziert (vgl. KING/AUBERT/HERMAN(1998))
[69] vgl. GEK(2004b), S.40
[70] vgl. RÜCKERT(1989), S.129ff
[71] BRÖG/HÄBERLE/HERRY u.a: Repräsentativerhebung zur Ermittlung des Mobilitätsverhaltens (Mobilitäts-) Behinderter und ihrer Haushaltsmitglieder. Bundesministerium für Verkehr (Hg.) Sonderheft 36, Bonn 1985; zitiert nach RÜCKERT(1989), S.129ff
[72] eigene Berechnungen basierend auf [69] und der 9. koordinierten Bevölkerungsvorausberechnung (STATISTISCHES BUNDESAMT(2000)), siehe Anhang A.3
[73] vgl. BVMed(2002)
[74] ebd. S.105ff

2.4.2 Beschäftigungsperspektiven

Das Gesundheitswesen trägt durch die Erbringung von Dienstleistungen, Produktion von Medizinprodukten und medizinischen Investitionsgütern in beträchtlichem Umfang zur volkswirtschaftlichen Wertschöpfung sowie zur Sicherung und Schaffung von Arbeitsplätzen bei.[75] Als personalintensive Dienstleistungsbranche mit einem hohen Anteil an Hochtechnologieprodukten stellt sie sowohl bezogen auf den Beschäftigungsumfang als auch bezogen auf die Qualifikationsstruktur der Mitarbeiter einen Wachstumsmarkt dar. Aufgrund der lohnabhängigen GKV-Beiträge hat der Gesundheitssektor neben dem direkten Beschäftigungseffekt durch eine steigende Nachfrage nach Gesundheitsdienstleistungen zudem indirekte Effekte auf die Beschäftigung in anderen Branchen, deren Lohnnebenkosten u.a. durch die Situation im Gesundheitswesen determiniert werden.[76] Aussagen zur Beschäftigungsentwicklung im Gesundheitswesen müssen daher sowohl die Kernbereich der ambulanten und stationären Versorgung, als auch Rand- und Nachbarbranchen berücksichtigen.

Inwieweit vom Bereich der Heil- und Hilfsmittel überproportionale Beschäftigungsimpulse ausgehen ist fraglich. Insbesondere der Bereich der Altenhilfe und -pflege wird einen starken Beschäftigungszuwachs aufweisen. Es wird damit gerechnet, dass über die Hälfte des Beschäftigungszuwachses bis 2015 auf diesen Bereich entfällt.[77] Beschäftigungsimpulse werden verstärkt in den gesundheitsnahen Bereichen außerhalb des Leistungskatalogs entstehen, in denen Maßnahmen der Kostendämpfung und staatliche Regulierungen keinen Einfluss auf die Nachfragestruktur nehmen und die gestiegene Präferenz für Gesundheitsdienstleistungen stärker zum Tragen kommt. Die Beschäftigung im Heil- und Hilfsmittelmarkt wird indirekt, aber in abgeschwächter Intensität von dieser Entwicklung profitieren.

2.5 Zwischenfazit

Diese Ausführungen geben einen ersten Überblick über die Rolle der Heil- und Hilfsmittel, die Vertriebswege und ihre Bedeutung als Ausgabenposten in der GKV. Zwar ist der Ausgabenanteil der Heil- und Hilfsmittel im Vergleich zu anderen Ausgabenarten wenig bedeutend, die Steigerungen lagen jedoch vor allem in den letzten

---

[75] vgl. SVR(1996), Ziff. 52
[76] ebd. Ziff. 55
[77] vgl. HILBERT/FRETSCHNER/DÜLBERG(2002), S.77

Jahren konstant über den Wachstumsraten der gesamten GKV-Leistungsausgaben. Auch langfristig gehören die Heil- und Hilfsmittel zu den am stärksten steigenden Ausgabenposten und tragen zu Kostensteigerungen in der GKV bei.

Bei den Heilmitteln, die ausschließlich als Dienstleistungen erbracht werden, tritt der negative Preisstruktureffekt im Gesundheitswesen besonders stark in Erscheinung, so dass die relativen Preise im personalintensiven Gesundheitswesen steigen.[78] Damit unterscheiden sich die Heilmittel jedoch nicht grundsätzlich von den therapeutischen und pflegerischen Leistungen im ambulanten und stationären Bereich.

Im Hilfsmittelsektor kann eine sehr heterogene Anbieterstruktur konstatiert werden. Sie entspricht weder der Struktur des Arzneimittelmarkts, in dem ein Oligopol internationaler Pharmakonzerne dominiert[79], noch kann pauschal über alle Teilmärkte von einer atomistischen Anbieterstruktur[80] ähnlich dem ambulanten Sektor und dem Heilmittelmarkt gesprochen werden. Auch die Ausgabensituation und ihre Entwicklungsperspektiven für den Bereich der Hilfsmittel sind wesentlich komplexer. Weitere Ausgabensteigerungen sind aufgrund der demographischen Entwicklung zu erwarten, wenn vermehrt Hilfsmittel zur Substitution irreparabeler Körperfunktionen zum Einsatz kommen. Diese Arbeit wird sich daher im letzten Abschnitt verstärkt mit den Selbstbeteiligungsregelungen im Hilfsmittelbereich befassen. Neben der Selbstbeteiligung und dem Marktmechanismus existieren jedoch im Gesundheitswesen weitere Steuerungsmechanismen, die zum besseren Verständnis der Versorgungssituation im Heil- und Hilfsmittelsektor im folgenden Kapitel erläutert werden.

---

[78] vgl. SVR(1995), Ziff. 30
[79] vgl. CHOU(1993), S.11
[80] Eine atomistische Anbieterstruktur existiert im ambulanten Sektor gegenüber dem einzelnen Patienten, der die freie Arztwahl hat. Gegenüber den Krankenkassen besteht ein Anbietermonopol, da Vergütungsvereinbarungen auf Landesebene mit den Kassenärztlichen Vereinigungen verhandelt werden.

3 Steuerung der Versorgung mit Heil- und Hilfsmitteln

Die Steuerung eines vollkommenen Marktes erfolgt über den Marktpreis, zu dem sich ein Gleichgewicht von Angebot und Nachfrage bildet. Staatliche Steuerungsmechanismen können in einer Marktwirtschaft bei Versagen dieses Marktmechanismus aus Effizienzgründen oder in einer sozialen Marktwirtschaft aus verteilungspolitischen Zielen eingesetzt werden.[81] In der GKV wird durch Steuerung des Patientenverhaltens und des Verordnungsverhaltens des Arztes eine zielgerichtete und effektive Versorgung mit Heil- und Hilfsmitteln angestrebt. Die einzelnen Steuerungsmechanismen, die auch das Instrument der Selbstbeteiligung beinhalten, werden im Folgenden kurz dargestellt.

3.1 Steuerung des Patientenverhaltens

Wie bereits beschrieben nimmt der Patient bei der Nachfrage nach Gesundheitsleistungen eine schwächere Position gegenüber den Leistungserbringern ein.[82] Dennoch existieren Möglichkeiten, das Patientenverhalten sowohl im „Laiensystem"[83] durch Gesundheitserziehung, als auch nach Eintritt in das professionelle Gesundheitssystem durch Formen der Selbstbeteiligung zu steuern.

3.1.1 Gesundheitserziehung

Der Gesundheitszustand eines Patienten ist durch die Einflussfaktoren Veranlagung, Verhalten, Lebensverhältnisse und den Alterungsprozess determiniert. Der Patient kann lediglich durch Veränderung seines Verhaltens und -in Teilen- seiner Lebensverhältnisse (z.B. durch Wahl des Wohnortes, Arbeitsstätte) seinen individuellen Gesundheitszustand beeinflussen. Patienten sind somit Mitverursacher ihres Gesundheitszustands.[84] Das Maß, in dem Patienten zur Mitverantwortung an ihrem Gesundheitszustand aufgrund gesundheitsschädlichem Verhalten (z.B. Rauchen, fettreiche Ernährung) gezogen werden können, steigt dabei mit den Informations- und Präventionsmöglichkeiten, die ihnen bezüglich eines alternativen, gesundheitsfördernden Verhaltens zur Verfügung stehen.

---

[81] vgl. WÄHLIG(1996), S.50
[82] vgl. Kapitel 2.2.2
[83] ROSENBERG(1983), S.173
[84] vgl. PFAFF(2003), S.134

Ziel von Gesundheitserziehung ist eine Sensibilisierung für die Folgen gesundheits-schädlichen Verhaltens und damit einhergehend eine Verhaltensänderung der Betrof-fenen. Gesundheitserziehung kann in Form patientengerechter Informationen über Indikation und Kontraindikation von Medizinprodukten, breit angelegter Kampagnen bei ,Volkskrankheiten' (z.b. Rückenleiden, Diabetes) oder Früherkennungsmaßnah-men für große Bevölkerungsschichten (z.b. Brustkrebsvorsorge) geleistet werden. Ziel ist die Verringerung der Inanspruchnahme medizinischer Leistungen.[85] Die Ge-sundheitserziehung einzelner Krankenkassen ist hierbei kritisch zu beurteilen, da diese oft dem Aufbau eines gesundheitsfördernden Images der Krankenkasse und einer Selbstselektion „gute Risiken" in diese Krankenkasse dienen soll.

3.1.2 Selbstbeteiligung

Sowohl vor als auch nach der Entscheidung für eine Inanspruchnahme von medizini-schen Leistungen kann das Verhalten des Patienten durch eine Selbstbeteiligung ge-steuert werden. Eine hinreichend hohe Selbstbeteiligung kann dazu führen, dass der Patient auf die Inanspruchnahme verzichtet, die nachgefragte Menge einschränkt oder sich engagierter am Therapieprozess beteiligt. Die Erhöhung der Patienten-compliance kann besonders bei komplexen Behandlungsprozessen die Effektivität der medizinischen Leistung erhöhen. Inwieweit die Selbstbeteiligung als Instrument zur Steuerung des Patientenverhaltens und Finanzierungsinstrument in der GKV ge-eignet ist, ist Gegenstand dieser Arbeit und wird in den folgenden Kapiteln insb. für den Bereich der Hilfsmittel ausführlich behandelt.

3.2 Steuerung der Verordnungspraxis

Die Steuerung der Versorgung bei den Heil- und Hilfsmitteln kann zudem über die Angebotsseite erfolgen. Da das Verhalten des Arztes vom Versicherungsschutz des Patienten abhängt, muss bei Fragen der Selbstbeteiligung immer auch das Verhalten der Anbieter mituntersucht werden.[86] Die Organe der Selbstverwaltung setzen hier-bei den institutionellen Rahmen für die Verordnungspraxis des einzelnen Arztes. Dabei listet das Hilfsmittelverzeichnis alle zur Verordnung zugelassenen Leistungen auf, mit den Verordnungsrichtlinien werden wiederum die allgemeinen Grundsätze der Verordnung festgelegt. Die Verordnungspraxis bei Heilmitteln ist in den Heilmit-

---

[85] vgl. CHOU(1993), S.40
[86] vgl. FELDER(1999), S.71

telrichtlinien und dem Heilmittelkatalog geregelt. Eine Selbstbeteiligung des Arztes an den Kosten einer übermäßigen Verordnung kann zudem durch die Budgetierung des Verordnungsvolumens erreicht werden.

3.2.1 Heilmittelrichtlinien und Heilmittelkatalog

GKV und Ärzte (organisiert in Kassenärztlichen Vereinigungen) sind gesetzlich verpflichtet, Richtlinien über eine ausreichende, zweckmäßige und wirtschaftliche Versorgung der Versicherten zu erarbeiten.[87] Die Heilmittelrichtlinien (HMR) beschreiben dabei die Regeln, nach denen Heilmittel für Mitglieder der GKV verordnet werden können, enthalten konkrete Regelungen zur Verordnungspraxis und zur Zusammenarbeit der Vertragsärzte mit den Heilmittelerbringern. Die neuen HMR wurden vom BAÄK beschlossen und gelten seit 1. Juli 2004.[88] Sie wurden aufgrund des Ausgabenanstiegs für Heilmittel notwendig, da die Gründe für diesen Ausgabenanstieg vor allem in Schwachstellen der 2001 eingeführten HMR gesehen wurden.[89] Ziel der HMR 2004 ist die Steigerung der Versorgungsqualität und der Wirtschaftlichkeit von Verordnungen.[90]

Den zweiten Teil der HMR bildet der Heilmittelkatalog (HMK). Im HMK sind die verordnungsfähigen Heilmittel und deren verordnungsfähige Menge je Diagnose exakt bestimmt. Es ist weiterhin festgelegt, welches *Heilmittel*, in welcher *Menge*, bei welcher *Indikation* nach den Regeln der ärztlichen Kunst und unter Berücksichtigung des allgemein anerkannten Standes der medizinischen Erkenntnisse eine ausreichende, zweckmäßige und wirtschaftliche Versorgung der Versicherten gewährleistet.[91]

Die HMR schränken somit die individuellen Verordnungsmöglichkeiten des Arztes im Regelfall sowohl hinsichtlich der Menge als auch der Kombination der Heilmittel ein. Abweichungen vom HMK bedürfen einer medizinischen Begründung und der Genehmigung durch die jeweilige Krankenkasse. Darüber hinaus schaffen HMR und HMK einen vollständigen Überblick über die verordnungsfähigen Heilmittel und standardisieren die Verordnung über Formulare, so dass Ineffizienzen und unnötige

---

[87] vgl. SGB V §92
[88] veröffentlicht im Bundesanzeiger (BAnz.) vom 9.Juni 2004, Nr. 106a, 56. Jhrg.
[89] vgl. METKE(2004), S.1
[90] vgl. KV NORDRHEIN(2004), S.2
[91] vgl. PHYSIO.DE(2004)

Kosten aufgrund von Informationsdefiziten oder erhöhtem Verwaltungsaufwand für die Krankenkassen bei der Versorgung mit Heilmitteln vermieden werden.

3.2.2 Hilfsmitmittelrichtlinien und Hilfsmittelverzeichnis

Auch im Hilfsmittelbereich wird über die Hilfsmittelrichtlinien (HfMR) und das Hilfsmittelverzeichnis (HMV) die Verordnung standardisiert und ein vollständiger Überblick über die verordnungsfähigen Hilfsmittel gegeben. Die aktuell gültigen HfMR wurden am 1. Dezember 2003 geändert und sind am 1. Januar 2004 in Kraft getreten.[92]

Die HfMR dienen analog zu den HMR für Heilmittel „[...] der Sicherung einer nach den Regeln der ärztlichen Kunst und unter Berücksichtigung des allgemein anerkannten Standes der medizinischen Erkenntnisse ausreichenden, zweckmäßigen und wirtschaftlichen Versorgung der Versicherten mit Hilfsmitteln"[93]. Die HfMR setzen den Rahmen für die Verordnungstätigkeit der Vertragsärzte und legen die Inhalte der Verordnung fest. Der Vertragsarzt hat insb. bei Wiederverordnung die weitere Gebrauchsfähigkeit des Hilfsmittels und die Notwendigkeit einer Verordnung von Maßanfertigungen zu beurteilen. Hier zeigen sich bereits die Grenzen der ärztlichen Verordnungsentscheidung und die Notwendigkeit einer Kooperation von verordnendem Arzt und Hilfsmittelproduzenten.[94]

Die Spitzenverbände der gesetzlichen Krankenkassen erstellen gemäß §128 SGB V gemeinsam das HMV, in dem alle Hilfsmittel des GKV-Leistungsumfangs aufgeführt sind. Darüber hinaus enthält das HMV auch die vorgesehenen Festbeträge oder vereinbarten Preise für Hilfsmittel, sowie Angaben zu medizinischen und technischen Qualitätsstandards.[95] Die einzelnen Hilfsmittel werden zudem anhand einer vierteiligen Positionsnummer gruppiert, die auch gewährleisten soll, dass eine systematische Aufbereitung und Pflege des HMV möglich ist. Diese Einordnung diente den Landesverbänden der Krankenkassen und Ersatzkassenverbänden bis 2004 zur Festlegung der ggf. länderspezifischen Festbeträgen, wobei aufgrund der länderspezifischen Schwankungen und Schwankungen innerhalb der Gruppen ein Preiswett-

---

[92] veröffentlicht im Bundesanzeiger (BAnzg) Nr. 20 (S.1523) vom 30. Januar 2004
[93] BAÄK(2004), Ziffer 1
[94] Vom BAÄK werden dem Arzt in den „Arztinformationen zu den Hilfsmittel-Richtlinien" nur für die Produktgruppe ‚Schuhe' Hinweise für den Nutzungszeitraum gegeben (Anlage 3 der Hilfsmittelrichtlinien, S.29).
[95] vgl. KNAPPE et al(2000), S.60

bewerb initiiert werden sollte.[96] Durch die Änderungen des GMG werden die Festbeträge nun von den Spitzenverbänden auf Bundesebene festgesetzt, was zu bundesein-
heitlichen Festbeträgen führt. Die Verbände der Hilfsmittelproduzenten sind dabei
im Festsetzungsverfahren anzuhören und können gegen die Festlegung einzelner
Festbeträge Klage einreichen, mit der jedoch keine aufschiebende Wirkung bzgl. des
Inkrafttretens des HMV verbunden ist.[97]

Auch bei den Hilfsmitteln wird mit Hilfe von HfRM und HMV versucht, die Verordnungstätigkeit des Arztes stärker an der wirtschaftlichen Notwendigkeit zu orientieren und Fehlverordnungen durch einen systematischen Angebotsüberblick im
Hilfsmittelbereich entgegenzuwirken. Auf der anderen Seite zeigt gerade der Umfang des Hilfsmittelverzeichnisses und die regelmäßige Aktualisierung aufgrund von
Produktneuheiten und –innovationen, dass eine vollständige Angebotstransparenz zu
jedem Verordnungszeitraum nur schwerlich zu verwirklichen ist: Das HMV ist in 34
Produktgruppen gegliedert, die insgesamt ca. 15.000 Produkte umfassen.[98]

3.2.3 Budgetierung

Durch Budgetierung wird das Verordnungsvolumen eines Vertragsarztes mit seinem
Honorar bzw. das Verordnungsvolumen im Gebiet einer bestimmten Kassenärztlichen Vereinigung (KV) mit der Vergütungssumme aller Ärzte dieser KV ins Ver-
hältnis gesetzt. Überschreitet das Verordnungsvolumen einen vorab zwischen
Krankenkassen und KV vereinbarten Wert, so wird die Differenz durch eine entsprechende Kürzung der Gesamtvergütung der Ärzte ausgeglichen. Die Budgetierung
stellt eines der unmittelbarsten und stärksten Steuerungsinstrumente des Verordnungsverhaltens dar.[99] Ihr liegt die Annahme zugrunde, dass der Arzt durch eine an-
gebotsinduzierte Nachfrage die Menge der Verordnungen ausweitet, um sein eigenes
Einkommen zu maximieren und dies nicht zum geringstmöglichen Ressourcenein-
satz geschieht.[100] Die Budgetierung ist dabei ein prospektives Element eines Ge-
sundheitssystems, bei dem die Vergütung vorab festgelegt wird und die
Kostenverantwortung auf die Leistungserbringer übertragen wird. In der GKV ist

---

[96] vgl. KNAPPE et al(2000), S.60
[97] vgl. SCHMIDT(2003), GPK, S.20f
[98] vgl. GEK(2004b), S.20
[99] vgl. CHOU(1993), S.47
[100] vgl. BREYER/ZWEIFEL/KIFMAN(2003[4]), S.307

insgesamt ein Trend zu prospektiven Vergütungssystemen erkennbar (z.B. im stationären Sektor durch die Festlegung von Fallpauschalen).[101]

Die gesetzlichen Regelungen zur Budgetierung von Heil- und Hilfsmitteln unterscheiden sich erheblich. So legt §84 SGB V detaillierte Regelungen zum Inhalt der Arzneimittelvereinbarung zwischen den Landesverbänden der Krankenkassen und Verbänden der Ersatzkassen mit der KV fest, die für Heilmittel entsprechend anzuwenden sind.[102] Das Ausgabenvolumen wird dabei je Arzt in Form von Richtgrößenvolumen festgelegt, wobei arztspezifische fallbezogenen Richtgrößen dem Arzt bei der Verordnung nach dem Wirtschaftlichkeitsgebot helfen sollen. Ein Überschreiten des Richtgrößenvolumen oder des Durchschnittswertes löst eine Wirtschaftlichkeitsprüfung aus.[103]

Hilfsmittel hingegen fallen nicht unter die sektorale Budgetierung in der GKV. Die Entscheidung zur Verordnung von Hilfsmitteln kann vom Arzt somit unabhängig vom Gesamtvolumen der Verordnungen erfolgen und sein individuelles Einkommen kann durch die Verordnung von Hilfsmitteln nicht negativ z.B. im Rahmen von Regressforderungen und Ausgleichszahlungen an die KV beeinflusst werden. Ein Grund für den Verzicht auf Einführung einer Budgetierung als Steuerungsinstrument zur Versorgung mit Hilfsmitteln ist möglicherweise die eingeschränkte Möglichkeit für den Arzt, eine Mengenausweitung der Verordnung in diesem Bereich mit therapeutischen Gründen zu rechtfertigen.

Dieser erhebliche Unterschied bei der Versorgung von Heil- und Hilfsmitteln wird besonders vom Bundesverband Medizintechnologie (BVMed) mit dem Ziel betont, die Verordnung von Hilfsmitteln im Gegensatz zu Heilmitteln für den einzelnen Arzt möglich attraktiv darzustellen.[104] Aufgrund der geringen Substituierbarkeit von Hilfs- durch Heilmittel dürften solche ‚Werbebotschaften' nur geringe Auswirkungen auf das Verordnungsvolumen von Hilfsmitteln haben. Allerdings besteht für den Arzt kein Anreiz, bei der Verordnung dem Hilfsmittel mit der besten Kosten/Nutzen-Relation den Vorrang zu geben. Die Möglichkeiten der Medizinproduktindustrie, den entsprechenden Arzt zur Verordnung eines bestimmten Hilfsmittels monetär zu mo-

---

[101] vgl. BREYER/ZWEIFEL/KIFMAN(2003⁴), S.353
[102] vgl. SGB V §84 Abs. 8 Satz 1
[103] vgl. SGB V §106
[104] vgl. BVMed(2004), BVMed Infokarte

tivieren, sind daher in diesem Leistungsbereich extrem hoch. Eine einschränkende Funktion bei der Verordnung von Hilfsmitteln wird in diesem Bereich lediglich von der zuständigen Krankenkasse übernommen, die *jede* Hilfsmittelverordnung individuell prüft und ablehnen kann. Im Heil- und Arzneimittelbereich findet diese Prüfung nur in Einzelfällen statt. Die Steuerung der Hilfsmittelverordnung setzt somit nicht nur beim Verhalten des verordnenden Arztes an, sondern bezieht auch die Gesetzlichen Krankenkassen explizit in die Entscheidung mit ein.

Für die weitere Analyse ist die fehlende Budgetierung im Hilfsmittelbereich von besonderer Bedeutung, da die Ausgabenentwicklung möglicherweise in höherem Maße auf Wirkungen von Selbstbeteiligungsregelungen zurückzuführen ist. In Kapitel 5 wird daher ein Schwerpunkt auf die Analyse der Selbstbeteiligung bei Hilfsmitteln gelegt. Zunächst sollen jedoch die unterschiedlichen Ziele, Formen und Voraussetzungen verschiedener Selbstbeteiligungsregeln dargestellt werden.

4 Selbstbeteiligung in der GKV

4.1 Begriffsbestimmung

Aus versicherungsmathematischer Sicht liegt eine Selbstbeteiligung vor, „[...] wenn statt der vollständigen Risikoübertragung nur ein gewisser Anteil des Risikos abgegeben wird"[105]. Diese Definition setzt ein Risiko in quantifizierbarem Umfang voraus, ohne das a priori kein Selbstbeteiligungsanteil festlegbar ist. Das Krankheitskostenrisiko ist jedoch a priori in seinem Umfang nur schwer von anderen Risiken abzugrenzen. Zudem umfasst das Krankheitsrisiko auch nichtmonetäre Kosten, wie Schmerzen der Krankheit oder Schmerzen und Zeitkosten der Behandlung, die nicht durch die Krankenversicherung abgedeckt werden.[106] Bei der folgenden Definition wird nur von den von der Versicherung übernommenen monetären Bestandteilen ausgegangen, so wie es den derzeitigen Regelungen der GKV entspricht.

Betrachtet man nur die Krankheitskosten, so hat jede Person mit einer Wahrscheinlichkeit *f(x)* mit Kosten in Höhe von x zu rechnen. Für die zu erwartenden Schadenskosten gilt somit:

(4.1)
$$\int x\, f(x)\, dx$$

Die Versicherung übernimmt Kosten in Höhe von z(x) gemäß den vertraglichen Bedingungen, so dass die erwarteten Versicherungsleistungen $\int x\, f(x)\, dx$ betragen. Für den Fall

(4.2)
$$\int (x-z(x))f(x)dx > 0$$

ist bei mindestens einer Schadenkonstellation eine positive Kostenbeteiligung vom Patienten zu tragen. Voraussetzung für eine derartige Definition von Selbstbeteiligung ist, dass die Differenz von Schadenskosten und Versicherungsaufwand bestimmbar ist. Ein Selbstbehalt kann sich auf die Schadenssumme oder die Häufigkeit des Eintritts des Risikos beziehen. Dieser Umstand ist für die praktische Ausgestaltung der Zuzahlungsregelungen von wichtiger Bedeutung, da sich hierdurch die Ver-

---

[105] STERK(1979), S.180
[106] vgl. hierzu und im Folgenden SCHULENBURG(1987), S.13f

teilung der Schadensfälle und somit die Regulierungskosten der Versicherung verändern.[107]

Neben der direkten Kostenbeteiligung des Versicherten bei Inanspruchnahme von Leistungen des Gesundheitswesen darf nicht vergessen werden, dass der Versicherte sich über seine Beiträge zur Sozialversicherung bereits indirekt an den Krankheitskosten beteiligt.[108] Zudem trägt der Versicherte über die Selbstmedikation die Kosten geringfügiger Gesundheitsstörungen. Im Vergleich zur kollektiven Finanzierung der Gesundheitsausgaben des Einzelnen durch die Solidargemeinschaft kann bei einer Selbstbeteiligung folglich auch von einer „Individualisierung der Kosten"[109] gesprochen werden. Die Aspekte der unmittelbaren Eigenbeteiligung mit der Koppelung an die individuelle Inanspruchnahme von Gesundheitsleistungen kommen auch in der Definition der Sozialenquete-Kommission „Strukturreform der GKV" zum Ausdruck.[110]

Die Einführung einer Selbstbeteiligung wird oft im Zusammenhang mit der Erreichung gesamtwirtschaftlicher Ziele diskutiert. Dabei haben Selbstbeteiligungsregelungen Auswirkungen auf die Nachfrageentscheidungen der Haushalte. Je nach Ausgestaltung der Zuzahlungsregelungen werden die einzelnen Gruppen der Gesellschaft unterschiedlich stark belastet.[111] Auch der Sachverständigenrat zur Begutachtung der Entwicklung im Gesundheitswesen[112] (SVR) nennt in seinem aktuellen Gutachten u.a. die mit einer Selbstbeteiligung verbundenen Ziele, betroffenen Leistungsbereiche und Personenkreise als Beurteilungskriterien.[113] Daher müssen zunächst die möglichen Zielsetzungen und Wirkungsweise einer Selbstbeteiligung diskutiert werden.

---

[107] vgl. STERCK(1979)
[108] vgl. GEISSLER(1980), S.37
[109] BERG(1986), S.149
[110] vgl. DEUTSCHER BUNDESTAG(1990)
[111] vgl. ROSIAN et al(2003), S.9
[112] Bezeichnung seit 2004. Ehemals: Sachverständigenrat für die Konzertierte Aktion im Gesundheitswesen
[113] vgl. SVR(2003), Ziffer 137

4.2 Ziele einer Selbstbeteiligung

Die Vollversicherung in der GKV führt zu einer Nulltarifmentalität der Versicherten; Gesundheitsleistungen werden bis zur Sättigungsmenge nachgefragt. Dies führt zum ineffizienten[114] Einsatz der knappen Ressourcen im Gesundheitswesen. Ziel einer Selbstbeteilung muss es sein, diese missbräuchliche Inanspruchnahme einzuschränken, ohne zu sozialen Härten zu führen.[115] Neben dieser allokativen Steuerungsfunktion einer Selbstbeteiligung ist mit Zuzahlungsregelungen in der gesundheitspolitischen Diskussion auch der Wunsch nach einer Ausgabensenkung im Gesundheitswesen verbunden. Die zwei Ziele – Finanzierungs- und Steuerungsfunktion – der Selbstbeteiligung werden auch als statischer und dynamischer Effekt bezeichnet. Mit dem statischen Finanzierungseffekt wird bei Einführung einer Selbstbeteiligung lediglich ein Anteil der Gesamtkosten der GKV nach dem Verursachungsprinzip auf den einzelnen Versicherten überwälzt. Durch den dynamischen Effekt soll langfristig das Nachfrageverhalten der Versicherten verändert und hierdurch eine Reduktion der gesamten Gesundheitsleistungen erzielt werden.[116]

Der Steuerungswirkung einer Selbstbeteiligung im Gesundheitswesen wird in der wissenschaftlichen Literatur besondere Aufmerksamkeit zu teil; eine einhellige Meinung bezüglich ihrer Wirkungsweise existiert jedoch nicht. Auch vom SVR wird auf die umstrittene allokative Steuerungsfunktion einer Selbstbeteiligung verwiesen. Das wissenschaftliche Institut der Ortskrankenkassen (WIdO) betont in diesem Zusammenhang ebenfalls: „Von den Selbstbeteiligungsmodellen insgesamt aufgrund ihrer steuernden Wirkungen Einsparwirkungen im volkswirtschaftlichen Sinne zu erwarten, erscheint angesichts einer Vielzahl von diesbezüglich kritischen Argumenten wenig realistisch [...]"[117].

Die Steuerungswirkung kann sowohl vor als auch nach Eintritt des Patienten in das Gesundheitssystem zum Tragen kommen, je nachdem, ob sie die Inanspruchnahme

---

[114] Die Anwendung des Effizienzbegriffs ist im Gesundheitswesen problematisch, da Effizienzsteigerungen nicht unbedingt für das Gesamtsystem vorteilhaft sein müssen. Der Solloutput im Gesundheitswesen ist zudem kaum operationalisierbar. Bei der Qualität der medizinischen Versorgung muss vielmehr die Effektivität von Leistungskomplexen anstatt Einzelleistungen beurteilt werden (vgl. ROSENBERG(1983), S.166f). Im GMG wurde diesem Umstand durch die verstärkte Förderung integrierter Versorgungsformen Rechnung getragen.

[115] vgl. CHOU(1993), S.54f

[116] vgl. ROSIAN et al(2003), S.3

[117] KLOSE/SCHELLSCHMIDT(2001), S.139

von Leistungen verhindert, den Präventionsgedanken stärkt, und somit ex ante moral hazard verhindert oder ob sie bei Inanspruchnahme medizinischer Leistungen keine Anreize zur unnötigen Leistungsausweitung setzt und somit ex post moral hazard limitiert. Die Steuerungswirkung führt jedoch langfristig nicht zu einer Ausgabensenkung in der GKV, wenn notwendige Behandlungen vom Patienten unterlassen werden und sich somit der Gesundheitszustand der Versicherten insgesamt verschlechtert.[118] Auf die genaue Steuerungswirkung einer Selbstbeteiligung und die hierfür notwendigen Voraussetzungen wird in Kapitel 4.4 detailliert eingegangen.

In praxi kommt der Selbstbeteiligung im Rahmen der gesetzlichen Maßnahmen zur Kostendämpfung in der GKV vor allem eine Finanzierungsfunktion zu. Die Finanzierungsbasis der GKV durch Einnahmen ist im Vergleich zum BIP und den GKV-Leistungsausgaben weniger stark gestiegen, so dass die durchschnittlichen Beitragssätze der GKV seit 1970 von 8,2% auf über 14% gestiegen sind. Mit verschiedenen Kostendämpfungsgesetzen wurde seitdem versucht, einen weiteren Beitragsanstieg zu verhindern.[119] Ein Finanzierungseffekt durch die Selbstbeteiligung ergibt sich zusätzlich durch die Senkung der Verwaltungskosten der GKV, da Bagatellfälle weitgehend vollständig vom Versicherten übernommen werden.[120] Dieser Finanzierungseffekt tritt unabhängig von der Wirksamkeit eines Steuerungseffekts auf, da unerheblich ist, ob der Versicherte unbeeindruckt der Zuzahlung die Gesundheitsleistung weiterhin nachfragt bzw. durch Leistungen am freien Markt substituiert oder auf die Inanspruchnahme verzichtet. Die Wirkungsweise von Zuzahlungsregelungen ist insbesondere von ihrer praktischen Ausgestaltung abhängig. Die verschiedenen Grundformen werden daher im nächsten Abschnitt dargestellt.

4.3 Grundformen der Selbstbeteiligung

Die folgenden Ausführungen orientieren sich in weiten Teilen insb. an SCHULEN-BURG(1987), daneben an CHOU(1993) und ROSIAN et al(2003). Im Rahmen dieser Arbeit kann nur ein kurzer Überblick über die bestehenden Formen der Selbstbeteiligung gegeben werden; für eine detaillierte Darstellung sei auf die o.g. Arbeiten verwiesen. Nach ROSIAN et al(2003) lassen sich Selbstbeteiligungen be-

---

[118] vgl. SVR(2003), Ziff. 138
[119] ebd. Ziff. 51f
[120] vgl. REICHELT(1994), S.155

züglich ihres Ansatzpunktes an Umfang, Preis und Periode der Selbstbeteiligung unterschieden.[121] Dabei werden Eigenbeteiligung durch Mengenregulierung, sowie einperiodische und mehrperiodische Formen der Selbstbeteiligung betrachtet.

Die Eigenbeteiligung durch Mengenregulierung umfasst die Leistungsbeschränkung sowie den selektiven Ausschluss von Leistungen. Der selektive Ausschluss von Leistungen stellt die stärkste Form der Selbstbeteiligung dar und impliziert eine Selbstbeteiligung von 100%. Ausschlusskriterien sind vor allem Wirtschaftlichkeit und Wirksamkeit bestimmter medizinischer Leistungen.[122] Dieses Kriterium findet sich besonders in den §§ 12 und 70 des SGB V wieder.[123] Im Bereich der Heil- und Hilfsmittel kann ein Leistungsausschluss vor allem bei Gesundheitsleistungen erfolgen, die konsumtive Zwecke verfolgen z.b. ein modisches Brillengestell oder Massagen.[124]

Die genannten Mengenregulierungen stellen implizit Maßnahmen der Rationierung dar und haben keinen gezielten Steuerungseffekt. Eine „statische Rationierung" von Gesundheitsleistungen liegt zudem bereits dann vor, wenn eine Gesellschaft nicht gewillt ist, beliebig viele Ressourcen in das Gesundheitswesen zu investieren.[125] In den folgenden Abschnitten werden daher nur die ein- und mehrperiodischen Formen der Selbstbeteiligung genauer betrachtet.

4.3.2 Einperiodische Formen der Selbstbeteiligung

Bei einperiodischen Formen der Selbstbeteiligung erfolgt die Nachfragesteuerung des Konsumenten über den Preis der Gesundheitsleistungen zum Zeitpunkt der Abgabe der Leistung. Hierzu zählen die – im Folgenden dargestellte – proportionale Selbstbeteiligung, die Abzugs- und Integralfranchise, feste Gebühren, Leistungsbegrenzungen und Indemnitätsregelungen. Bei Vorliegen bestimmter Voraussetzungen[126] werden bei diesen pretialen Formen der Selbstbeteiligung „ [...] durch die teilweise Risikoübertragung [...] die Preise transparenter und spürbarer."[127]

---

[121] vgl. ROSIAN et al(2003), S.20
[122] vgl. CHOU(1993), S.58
[123] Demnach muss die Leistung „[...] ausreichend, zweckmäßig und wirtschaftlich sein; sie [darf] das Maß des Notwendigen nicht überschreiten." (§12 Abs.1 Satz 1 SGB V)
[124] vgl. ROSIAN et al(2003), S.21
[125] vgl. WAGNER(2003), S.52f
[126] siehe Kapitel 4.3
[127] ROSIAN et al(2003), S.21

Bei der proportionalen Selbstbeteiligung (auch *co-insurance*) trägt der Patient einen festgelegten Prozentsatz α der Behandlungskosten, so dass für die Schadenzahlung der Krankenversicherung gilt:[128]

$$(4.3) \qquad\qquad z(x) = (1-\alpha)x,\ 0 \leq \alpha < 1$$

Die prozentuale Selbstbeteiligung nimmt proportional zur Leistungsinanspruchnahme zu, sie stellt eine unbegrenzte Form des Selbstbehalts dar und kann ohne Höchstgrenzen zu sozialen Härtefällen führen.[129] Eine prozentuale Selbstbeteiligung für alle Leistungen der GKV ist marktkonform, da die Preisrelationen aller Gesundheitsgüter untereinander unverändert bleiben und so Ausweichreaktionen und Substitutionseffekte vermieden werden.[130]

Die Abzugsfranchise findet sich in vielen Versicherungssparten (z.B. Kfz-Versicherung). Hierbei trägt der Versicherungsnehmer seine Schäden bis zu einem Betrag F selbst, alle höheren Schäden werden von der Versicherung erstattet. Formal:[131]

$$(4.4) \qquad\qquad z(x) = \begin{cases} x\text{-}F,\ wenn\ x > F \\[2mm] 0\ \ ,\ wenn\ x \leq F \end{cases}$$

Die Steuerungswirkung der Abzugsfranchise besteht nur bis zum Betrag F, danach besteht für den Patient kein Anreiz mehr zur sparsamen Inanspruchnahme medizinischer Leistungen.[132]

Die Integralfranchise und die feste Gebühr stellen Sonderfälle der Abzugsfranchise dar. Bei der Integralfranchise zahlt der Versicherte ebenfalls höchstens einen Betrag F. Übersteigen die Behandlungskosten in einer festgelegten Periode jedoch diesen Betrag, so übernimmt die Krankenversicherung die Zahlung der gesamten Behandlungskosten. Somit wird die Versicherung um Bagatellfälle entlastet, die Entlastungswirkung ist jedoch unsystematisch.[133] Feste Gebühren stellen eine leichte Modifizierung der Abzugsfranchise dar, bei denen dem Patienten für jedes einzelne

---

[128] vgl. SCHULENBURG(1987), S.16
[129] vgl. CHOU(1993), S.59f
[130] vgl. MPS(1990), S.38
[131] vgl. SCHULENBURG(1987), S.17
[132] vgl. ROSIAN et al(2003), S.22
[133] vgl. CHOU(1993), S.61f

Schadensereignis (Arztbesuch, Krankenhausaufenthalt, Arzneimittelverordnung etc.) feste, gesetzlich festgelegte Kosten entstehen.[134] Die Höhe der Gebühren ist unabhängig vom Preis der in Anspruch genommenen Leistung. Eine Substitution teurer durch billige Leistungen z.b. Originalpräparate durch Generika im Arzneimittelbereich wird somit verhindert.[135]

Leistungsbegrenzungen verpflichten die Krankenversicherung, die Krankheitskosten nur bis zu einer festgelegten Schadenshöchstsumme H zu übernehmen. Leistungsbegrenzungen sind wenig verbreitet, da sie die Versicherungsleistung gerade in den Fällen beschneiden, in denen der Versicherte aufgrund der Höhe der Schadenssumme am meisten auf die Versichertengemeinschaft angewiesen ist. Unterhalb der Schadenshöchstsumme H ist zudem keine Steuerungswirkung vorhanden.[136]

Im Rahmen von Festbetragsregelungen (auch *Indemnitätsregelungen*) trägt der Versicherer einen festen Betrag je Mengeneinheit. Dieser ist unabhängig von der Forderung des jeweiligen Leistungserbringers. Als Bezugsgröße kommen bspw. ärztliche Einzelleistungen, der Behandlungsfall, ein Krankenhaustag oder auch eine ergotherapeutische Anwendung in Frage.[137] „Die Steuerungswirkung einer Indemnität beruht dann darauf, dass eine Differenz zwischen tatsächlichem Leistungspreis und Indemnität in voller Höhe [...] zu zahlen ist."[138] KNAPPE, LEU und SCHULENBURG(1988) zeigen in ihrer Analyse zum Indemnitätstarif beim Zahnersatz, dass das Patienteninteresse an niedrigen Preisen bei dieser Form der Selbstbeteiligung besonders hoch ist. Bei flexiblen Anbieterpreisen hat der Indemnitätstarif demnach allokative Vorteile und macht Honorar- und Gebührenordnungen überflüssig.[139] In der GKV bestehen bereits umfangreiche Festbetragsregelungen in verschiedenen Leistungsbereichen, u.a. auch bei den Hilfsmitteln.

---

[134] vgl. SCHULENBURG(1987)
[135] vgl. ROSIAN et al(2003), S.23
[136] ebd. S.24
[137] vgl. SCHULENBURG(1987), S.21
[138] MPS(1990), S.58
[139] vgl. KNAPPE/LEU/SCHULENBURG(1998), S.48ff

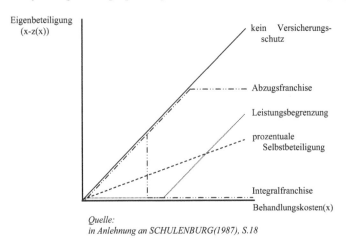

Bei den hier dargestellten Selbstbeteiligungsformen variiert für den Versicherten -bis auf den Fall der prozentualen Selbstbeteiligung- die marginale Belastung der Zuzahlung. Diese Sprünge haben Auswirkungen auf den Steuerungseffekt der jeweiligen Selbstbeteiligungsformen. Abbildung 5 macht diese unterschiedlichen Belastungen in Abhängigkeit von den Behandlungskosten deutlich.[140]

4.3.3 Mehrperiodische Formen der Selbstbeteiligung

In den oben beschriebenen Modellen fällt die Zuzahlung für den Patienten in der Periode der Leistungsabgabe an. Mehrperiodische Formen der Selbstbeteiligung wie das Bonus-Malus Prämiensystem oder die Beitragsrückgewähr verteilen die finanzielle Beteiligung des Patienten auf mehrere Perioden, Leistungsabgabe und Zuzahlung fallen zeitlich auseinander.

Beim Bonus-Malus Prämiensystem werden Prämien und Beitragsskalen mit Höchst- und Mindestsätzen festgelegt, zwischen denen zu Beginn der Versicherungsdauer gewählt werden kann. Verläuft ein Beobachtungszeitraum schadensfrei, so wird dem Versicherten ein Bonus gewährt, indem sein Versicherungsbeitrag um eine vorher

---

[140] Die feste Gebühr als Sonderform der Integralfranchise wird in der Abbildung nicht betrachtet, da sie keine Funktion der Behandlungskosten(x) ist, sondern pro Schadensfall anfällt.

festgelegte Anzahl von Tarifstufen sinkt.[141] „Im Grunde handelt es sich bei einem Bonus-Malus Prämientarif um die Verknüpfung einer Selbstbeteiligungsgebühr beziehungsweise Franchise und eines Kreditvertrages. Die Selbstbeteiligung muss nicht unmittelbar entrichtet werden, sondern über erhöhte Prämien in den Folgeperioden."[142] Bonus-Malus Prämiensysteme üben nur bei Bagatellfällen eine Steuerungswirkung aus. Überschreitet die Schadenssumme die Schadensfreiheitsgrenze, so hat der Patient keinen Anreiz mehr, Gesundheitsleistungen sparsam nachzufragen.

Bei einer Beitragsrückgewährung kann alternativ bei Schadensfreiheit oder in Abhängigkeit von der Schadenshöhe am Ende der Perioden ein Betrag an den Versicherten ausbezahlt werden. Die Beitragsrückgewährung kann somit auch als „umgekehrte Form der Selbstbeteiligung"[143] betrachtet werden, da anstatt der verursachten Kosten, die nicht verursachten Kosten individualisiert werden. In der Privaten Krankenversicherung (PKV) bieten alle führenden Unternehmen verschiedene Systeme der Beitragsrückgewährung an. Mit dem GMG wurde für die gesetzlichen Krankenkassen die Möglichkeit geschaffen, ihren Versicherten ebenfalls Tarife der Beitragsrückgewährung oder Bonus- und Malusregelungen anzubieten.

Sowohl bei ein- als auch bei mehrperiodischen Formen der Selbstbeteiligung kommt der Stellung des Patienten im Gesundheitssystem eine zentrale Rolle zu. Vor allem bei einer Festbetragsregelung, so wird von NORD(1990) bemängelt, ändert sich nichts an der unmündigen Rolle des Patienten bei den verschreibungspflichtigen Medikamenten, da der verschreibende Arzt immer noch die Nachfrageentscheidung trifft. Festbetragsregelungen unterstellen dem Patienten Produktkenntnisse und eine Konsumentensouveränität, die er nicht besitzen kann.[144] Nahezu alle o.g. Autoren weisen auf unterschiedliche Voraussetzungen hin, die in der GKV zur erfolgreichen Implementierung bestimmter Formen der Selbstbeteiligung gegeben sein müssen, damit diese ihre Steuerungswirkungen entfalten können.

---

[141] vgl. SCHULENBURG, S.23
[142] SCHULENBURG(1987), S.24
[143] MPS(1990), S.48
[144] vgl. NORD(1990), S.71

4.4 Zur Steuerungswirkung von Selbstbeteiligungen

Die Selbstbeteiligung wird von ihren Verfechtern oft auch als „marktwirtschaftliche Option" zu den etablierten Steuerungsmechanismen in der GKV bezeichnet. Die Steuerungswirkung konzentriert sich dabei jedoch nur auf die Nachfrageseite der GKV und rückt den Patienten in den Mittelpunkt der Maßnahme.[145] Nur bei geeigneten Substitutionsmöglichkeiten und Konsumentensouveränität kann ein intendierter Steuerungsmechanismus greifen. Zudem kann nur eine merkliche Selbstbeteiligung mit flankierenden Härtefallregelungen die erwartete Kostendämpfung erzielen, ohne den Einzelnen zugunsten der Solidargemeinschaft über Gebühr zu belasten. Ziel soll es sein, im Anschluss an die Darstellung der folgenden Kriterien, geeignete Selbstbeteiligungsregelungen für den Heil- und Hilfsmittelbereich zu identifizieren.

4.4.1 Substitutionsmöglichkeiten

Grundlegende Voraussetzung für die steuernde Wirkung einer Selbstbeteiligung ist die Substitutionsmöglichkeit der Gesundheitsleistung durch den Konsumenten. Der Konsument muss entweder die Möglichkeit besitzen, auf alternative Leistungen mit ähnlicher oder gleicher therapeutischer Wirkung auszuweichen (z.B. im Hilfsmittelbereich von Brillen auf Kontaktlinsen) oder im Extremfall ganz auf die Leistung verzichten zu können. Erst in diesem Fall ist der Preis eine bedeutende Nachfragedeterminante für den Konsumenten und die Selbstbeteiligung besitzt eine Steuerungswirkung.[146] Bei unverzichtbaren und lebensnotwendigen Gesundheitsgütern hingegen haben Zuzahlungen keine Funktion als „Preissurrogat"[147] und bewirken somit keinen Nachfragerückgang.[148] Abbildung 6 zeigt, dass im Fall einer preisunelastischen Nachfrage (SV) und einem Preis P der Gesundheitsleistung bei einer Zuzahlung in Höhe von Z das Finanzierungsvolumen der Versicherung sich von $OSEP$ auf $ZKEP$ um den Eigenanteil des Versicherten $OSKZ$ verringert. Dieser Rückgang ist dabei ausschließlich auf eine Verschiebung der Finanzierungslast zu Lasten des Versicherten zurückzuführen und nicht auf einen Rückgang der nachgefragten Menge.

---

[145] vgl. REICHELT(1994), S.1
[146] vgl. DRÖGE(1990), S.142
[147] REICHELT(1994), S.147
[148] vgl. ROSIAN et al(2003), S.16

Die Preiselastizität der Nachfrage nach Gesundheitsleistungen muss von Null verschieden sein, wenn ein dynamischer Effekt durch die Selbstbeteiligung erzielt werden soll.[149] Bei einer hohen Preiselastizität der Nachfrage reagiert der Versicherte somit bei Einführung einer Selbstbeteiligung (=Preiserhöhung) auf bestimmte Gesundheitsleistungen mit einem hohen Nachfragerückgang. Diese Reaktion kann als Indikator dafür dienen, dass diese Gesundheitsleistungen für den Versicherten verzichtbar sind und kann unter Annahme der o.g. Substitutionsmöglichkeiten den Ausschluss aus dem GKV Leistungsumfang legitimieren.[150] In Abbildung 6 ergibt sich für eine preiselastische Nachfrage (*WS*) bei Einführung einer Zuzahlung *Z* ein Rückgang der GKV-Ausgaben von *0SEP* auf *ZHCP*. Die Differenz ist zum einen auf den Finanzierungseffekt der Zuzahlung (*0SKZ*) und zum anderen auf den isolierten Nachfragerückgang (*HKEC*) zurückzuführen.

Abbildung 6:
Wirkung einer Selbstbeteiligung in Abhängigkeit
von der Preiselastizität der Nachfrage

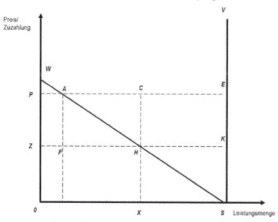

Quelle: modifiziert nach PFAFF et al (2003), S.16

Im Rahmen des vielzitierten RAND-Experiments wurde erstmals versucht, die Preiselastizität der Nachfrage nach Gesundheitsleistungen zu bestimmen. Demnach ist von einer spürbaren Preiselastizität auszugehen.[151]

---

[149] Als Preiselastizität wird dabei der Quotient aus prozentualer Mengenänderung und prozentualer Preisänderung bezeichnet.
[150] vgl. PFAFF et al(2003), S.15
[151] vgl. u.a. REICHELT(1994), S.148f; BREYER/ZWEIFEL/KIFMANN(2003[4]), S.254

Bei der Abgrenzung des Leistungsumfangs der GKV anhand der Substitutionsmöglichkeiten und der Preiselastizität ergeben sich jedoch auch Probleme. Zum einen ist die Messung der Preiselastizität konzeptionell schwierig; auch bei der Bewertung des RAND Experiments wird hierauf verwiesen. Des weiteren bleibt das Preiskriterium im engen Rahmen der neoklassischen Analyse verhaftet und berücksichtigt keine weiteren Nachfragekomponenten z.B. Zeitkosten der Behandlung, Schmerzen der Therapie, die Dringlichkeit der medizinischen Leistung oder auch die Erfolgswahrscheinlichkeit einer Therapie. Zudem muss für die Nachfrage von Gesundheitsleistungen, die besondere Situation chronisch Kranker berücksichtigt werden, deren Nachfrage vollkommen unelastisch ist, da sie dauerhaft auf die entsprechenden Leistungen angewiesen sind.[152] Die Nachfrage nach einer kostenintensiven aber wenig zeitintensiven Behandlung wird daher relativ stark auf eine Selbstbeteiligung reagieren.[153] Für den Finanzierungseffekt einer Selbstbeteiligung ist außerdem entscheidend, dass die Substitution nicht in von Zuzahlungen befreite Leistungsbereiche erfolgt, da diese Substitution das Ausgabenvolumen der GKV nicht verringert. Eine derartige Substitution innerhalb des GKV Leistungskatalogs ist nur aufgrund von Kosteneffizienzgründen sinnvoll, wenn z.B. Nachfrage vom stationären in den ambulanten Bereich verlagert werden soll.[154]

Sowohl bei den Heil- als auch bei den Hilfsmitteln existiert für den Versicherten die Möglichkeit, das gesamte GKV-Leistungsspektrum am freien Markt zu substituieren. Dies unterscheidet diesen Leistungsbereich grundsätzlich vom Arzneimittelmarkt, bei dem der Patient nur verschreibungspflichtige durch nicht-verschreibungspflichtige Arzneimittel am freien Markt substituieren kann. Zudem hat der Versicherte bei den Hilfsmitteln als einzigem Leistungsbereich der GKV die Möglichkeit, die Nutzungsdauer des Gesundheitsgutes durch sorgfältigen Umgang ohne therapeutische Einbußen in Maßen zu verlängern und somit die Kosten der Inanspruchnahme pro fixer Zeitperiode zu verringern. Daher kann möglicherweise auch eine Analyse der Nutzungsdauer von Hilfsmitteln Aufschluss über die Steuerungswirkung einer Selbstbeteiligung geben.

---

[152] vgl. FELDER(1999), S.70
[153] vgl. SCHNEIDER(1985), S.100
[154] vgl. ROSIAN et al(2003), S.11

4.4.2 Konsumentensouveränität und Markttransparenz

Erwartet man durch das marktwirtschaftliche Element der Zuzahlungsregelungen in der GKV eine Entlastung der Solidargemeinschaft zu Lasten des Einzelnen, so ist entscheidend, dass der einzelne Konsument von Gesundheitsdienstleistungen die Nachfrageentscheidung frei trifft und über vollkommene Informationen über alle auf dem Markt angebotenen Güter und Dienstleistungen verfügt.[155] Insbesondere bei der Inanspruchnahme von Arzneimitteln ist die Konsumentensouveränität des Patienten stark eingeschränkt, da rechtlich nur der Arzt zur Verordnung berechtigt ist und zudem der Patient über zu wenige Fachinformationen verfügt, um eine eigene, seinem Gesundheitszustand angemessene Medikation und Dosierung vorzunehmen.[156] Der Patient hat lediglich eine Entscheidungsfreiheit bei der Wahl des Arztes, Einlösung des Rezepts und Einnahme der verschriebenen Arzneimittel. Er kann zudem Wünsche über die Form der Therapie äußern.[157]

Diese Ausführungen gelten analog für die Verordnung von Heil- und Hilfsmitteln. Allerdings unterscheiden sich die Anreize zur Verordnung von Heil- und Hilfsmitteln für den Arzt, da Heilmittel der Budgetierung unterliegen und somit eine hohe Verordnungsmenge Regressforderungen gegenüber dem Arzt bedeuten kann. Hilfsmittel hingegen können einkommensunabhängig seitens des Arztes verordnet werden.[158] Somit kann bei Hilfsmitteln eine größere Konsumentensouveränität des Patienten als bei Heilmitteln angenommen werden, denn aufgrund der längeren Nutzungsdauer der Produkte wird der Patient verstärkt Wünsche bei der Verordnung äußern.

Ist beim Patienten aufgrund seines Gesundheitszustands „[...] die Fähigkeit zum rationalen Entscheiden nicht ernsthaft eingeschränkt [...]"[159], so kann er die einzelnen Alternativen gegeneinander abwägen, die nutzenmaximierende Alternative auswählen und diesen Wunsch dem Arzt mitteilen. Dies setzt jedoch vollkommene Transparenz am Markt für Gesundheitsleistungen voraus. Besonders bei medizinischen Dienstleistungen, deren Konsum und Erstellung zeitlich zusammenfallen („uno-acto

---

[155] vgl. PFAFF et al(2003), S.20
[156] Dies gilt lediglich für die Erstverordnung und nicht bzw. nur sehr eingeschränkt für Folgerezepte. Bei Folgerezepten besteht seitens des Patienten möglicherweise lediglich Unsicherheit über die Dosierung des Mittels.
[157] vgl. CHOU(1993), S.98
[158] ebd. S.99
[159] BREYER/ZWEIFEL/KIFMANN(2003⁴), S.173

Prinzip"), kann der Patient die Angebote ex ante nicht vergleichen. Zudem fehlen ihm umfangreiche Erfahrungen mit einzelnen Anbietern und objektive Qualitätsmaßstäbe, da Krankheiten oft individuelle Ausnahmezustände darstellen. Im Fall einer diagnostischen Leistung ist das nachgefragte Gut eine Information über den Gesundheitszustand des Patienten, die er vor der Inanspruchnahme der Leistung nicht hatte und somit keine Bewertung der Qualität des Angebots möglich ist.[160] Für den Heil- und Hilfsmittelbereich ist anzunehmen, dass hier die Konsumentensouveränität relativ zu den übrigen Leistungsbereichen besonders hoch ist. Im Heilmittelbereich ist der Anteil langfristiger Therapien (Rückenschmerzen, Sprachstörungen etc.) besonders hoch; durch Hilfsmittel wird in den meisten Fällen eine dauerhafte körperliche Beeinträchtigung ausgeglichen (Sehschwäche, Hörschäden, fehlende Gliedmaßen, Beschwerden des Bewegungsapparats). Die Beeinträchtigung des Gesundheitszustands ist daher nicht kurzfristig bzw. vorübergehend und über die Zeit der Nutzung wird sich beim Patienten eine zunehmende Marktkenntnis und somit eine wachsende Konsumentensouveränität aufbauen.

In bestimmten Leistungsbereichen der GKV kann die Konsumentensouveränität auch aufgrund des Gesundheitszustands des Versicherten eingeschränkt sein. Der Versicherte, der im Fall einer sehr ernsten oder lebensbedrohlichen Krankheit dringend eine medizinische Notfallbehandlung benötigt, wird weder in der Lage sein, eigene Therapiewünsche zu formulieren, noch die Möglichkeit haben, den Markt nach kostengünstigeren Angeboten abzusuchen.[161] Für den Bereich der Heil- und Hilfsmittel kann von einer derartigen Einschränkung der rationalen Entscheidung nicht ausgegangen werden. Lediglich die asymmetrische Information zwischen verordnendem Arzt und Patient kann diese Art der Einschränkung bewirken. ROSENBERG(1983) hingegen bezweifelt in einem pretialen Regelungssystem grundsätzlich die Einbeziehung des Patienten in Entscheidungen, die aufgrund des medizinisch professionellen Sachverstands getroffen werden müssen und spricht dem Patienten damit die Fähigkeit zur rationalen Entscheidung im Gesundheitswesen weitgehend ab.[162]

---

[160] vgl. BREYER/ZWEIFEL/KIFMANN(2003[4]), S.175

[161] ebd. S.173

[162] vgl. ROSENBERG(1983), S.174f. Lediglich bei leichten Befindlichkeitsstörungen und Selbstbehandlungen, Aufwendungen medizinisch nicht induzierter Leistungen, Reparaturkosten von Hilfsmitteln und Kosten der zahnärztlichen Behandlung kann der Patient Entscheidungen treffen und in ein System der Zuzahlung eingebunden werden, so ROSENBERG.

Unter dem Aspekt der Markttransparenz lässt sich auch der Aspekt der Informationstransparenz bzgl. der Zuzahlungsregelungen fassen. Soll der Patient die relevanten Alternativen im Gesundheitswesen bewerten, so muss er auch über alle Selbstbeteiligungsregeln informiert sein, da es nur einem informierten Patienten möglich ist, „[...]auf die Einführung einer Selbstbeteiligung effizient zu reagieren."[163]

4.4.3 Merklichkeit und Härtefallregelungen

Eine Steuerungswirkung der Selbstbeteiligung kann nur erreicht werden, wenn die Nachfrage nach medizinischen Leistungen preiselastisch ist und für den Konsumenten Substitutionsmöglichkeiten bestehen, zwischen denen er eine eigenständige Entscheidung treffen kann bzw. nach deren Evaluierung er auf eine medizinische Behandlung verzichtet. Diese oben dargestellte Reaktion und der hieraus resultierende Nachfragerückgang ist nur zu erwarten, falls der direkte Kostenbeitrag dem Kriterium der Merklichkeit genügt.[164] Eine Selbstbeteiligung ist merklich, wenn ihre absolute Höhe die „Reaktionsschwelle des Versicherten"[165] überschreitet. Neben dieser spürbaren Höhe der Selbstbeteiligung muss sichergestellt sein, dass die Zuzahlungen nicht zusätzlich versichert werden und die Anbieter medizinischer Leistungen den Nachfragerückgang nicht durch Erhöhung der Leistungen pro Patient kompensieren können.[166]

Die Reaktionsschwelle des einzelnen Versicherten hängt dabei von der individuellen Preiselastizität der Nachfrage ab, die mit steigender Höhe der Selbstbeteiligung zunimmt.[167] Dabei liegt dieser Schwellenwert bei Versicherten mit einer sehr preiselastischen Nachfrage sehr niedrig, so dass bereits auf geringe Zuzahlungsbeträge mit Nachfrageänderungen reagiert wird. Die Preiselastizität ist dabei von Beziehern geringer Einkommen im Regelfall höher als die von höheren Einkommensgruppen. Merkliche Selbstbeteiligungen für niedrige Einkommensgruppen sind somit möglicherweise für Bezieher höherer Einkommen nicht merklich. Eine Anhebung bis zur Reaktionsschwelle höherer Einkommensgruppen kann jedoch niedrige Einkommensgruppen unverhältnismäßig stark belasten, so dass die Selbstbeteiligung sozial

---

[163] ROSIAN et al(2003), S.12
[164] vgl. CHOU(1993), S.104
[165] vgl. KRAFT/SCHULENBURG(2003), S.146
[166] vgl. SOMMER/LEU(1984), S.78
[167] vgl. PFAFF et al(2003), S.21

nicht mehr tragbar ist.[168] Besonders für einkommensschwache Individuen besteht bei Einführung von Zuzahlungsregelungen die Gefahr, dass aufgrund dieser starken Belastung, die Nachfrage nach Gesundheitsleistungen unter den medizinisch notwenigen Leistungsumfang eingeschränkt, Krankheiten somit möglicherweise verschleppt werden und hieraus hohe Folgekosten für das Gesundheitssystem entstehen. Abbildung 7 zeigt, wie bei einer Vollversicherung von Beziehern verschiedener Einkommen dieselbe, über der medizinisch notwenigen Menge (M^*) liegende Sättigungsmenge $(Ms^N=Ms^H)$ an Leistungen nachgefragt wird. Die Einführung einer Selbstbeteiligung in Höhe von S führt nun dazu, dass aufgrund der relativ preiselastischeren Nachfrage N^N die nachgefragte Menge der Bezieher mit niedrigeren Einkommen (M^N) unter die medizinisch notwendige Menge fällt.

Abbildung 7:
Selbstbeteiligung bei unterschiedlichen Einkommensgruppen

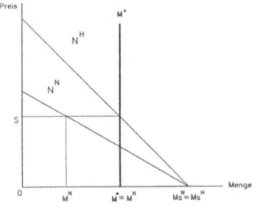

Quelle: CHOU(1993), S.106

Selbstbeteiligungen können nicht nur zur Unterversorgung bestimmter Einkommensschichten führen, sondern wirken zudem verteilungspolitisch regressiv und reduzieren die Umverteilung innerhalb der GKV von jüngeren zu älteren Mitgliedern.[169] Aus diesen Gründen ist die Einführung von Selbstbeteiligungen oft mit entsprechenden Härtefallregelungen gekoppelt, welche die Inanspruchnahme von Gesundheits-

---

[168] vgl. CHOU(1993), S.104f
[169] vgl. ROSIAN et al(2003), S.14f

leistungen unabhängig von der individuellen Einkommenshöhe sicherstellen.[170] Härtefallregelungen können dabei eine vollständige oder teilweise Befreiung von der Zuzahlung gewähren. Eine Verschärfung von Zuzahlungsregelungen geht im Regelfall einher mit einer Zunahme der Härtefälle.[171]

4.5 Zwischenfazit

Es wurde deutlich, dass ohne eine Selbstbeteiligung Versicherungsleistungen bis zur Sättigungsmenge nachgefragt werden. Mit einer Selbstbeteiligung können zum einen Steuerungseffekte erzielt werden; im Vordergrund der gesundheitspolitischen Diskussion stehen jedoch häufig Finanzierungseffekte, indem durch Zuzahlungsregelungen ein Anteil der GKV-Kosten auf den einzelnen Versicherten überwälzt wird.

Als Grundformen der Selbstbeteiligung lassen sich zunächst ein- und mehrperiodische Formen unterscheiden. Zu den einperiodischen Formen zählen die proportionale Selbstbeteiligung, die Abzugs- und Integralfranchise, feste Gebühren, Leistungsbegrenzungen und Indemnitätsregelungen. Bei den mehrperiodischen Formen der Selbstbeteiligung (Bonus-Malus-Prämiensysteme und Beitragsrückgewähr) fallen Zuzahlung des Patienten und Leistungsabgabe zeitlich auseinander.

Die Steuerungswirkung der Selbstbeteiligung ist dabei bei jeder Grundform an eine Vielzahl von Prämissen gekoppelt. Hierzu gehören u.a. ausreichende Substitutionsmöglichkeiten, Konsumentensouveränität Markttransparenz und Merklichkeit der Zuzahlung. Dabei sind die Voraussetzungen für eine Steuerungswirkung der Selbstbeteiligung bei Heil- und Hilfsmitteln günstiger als in anderen Leistungsbereichen der GKV. Hilfsmittelempfänger entwickeln zudem eine besonders gute Marktkenntnis, da der Bedarf an Hilfsmitteln oft dauerhaft ist. Heilmittelempfänger wiederum können Leistungen auch über den freien Markt substituieren und haben eine große Wahlfreiheit bei der Auswahl des Leistungserbringers. Im nächsten Kapitel wird daher untersucht, ob die Einführung und Veränderung von Zuzahlungsregelungen den Ausgabenverlauf bei den Heil- und Hilfsmitteln tatsächlich beeinflusst haben und inwieweit sich die Zuzahlungsregelungen in diesem Bereich von den Regelungen in anderen Leistungsbereichen der GKV unterscheiden.

---

[170] vgl. PFAFF et al(1994), S.84
[171] vgl. PFAFF et al(2003), S.30

5 Selbstbeteiligung bei Heil- und Hilfsmitteln

5.1 Entwicklung der Selbstbeteiligungsregelungen in der GKV

In diesem Abschnitt wird ein Überblick über die wichtigsten diskretionären Eingriffe im Gesundheitswesen und die Entwicklung der Ausgestaltung der Selbstbeteiligung bei Heil- und Hilfsmitteln gegeben. Der Überblick beschränkt sich dabei auf den Zeitraum ab Ende der siebziger Jahre, als mit den Kostendämpfungsgesetzen erstmals auf die Wachstumsschwäche der Finanzierungsbasis der GKV reagiert wurde. Zusammen mit dem Gesundheitsreformgesetz (1988) und dem Gesundheitsstrukturgesetz (GSG) 1993 konnte die Steigerungsrate der GKV-Ausgaben zumindest kurzfristig gesenkt werden.[172] Das Gesundheitsmodernisierungsgesetz (2003) reiht sich in die Reihe der Kostendämpfungsmaßnahmen ein, enthält jedoch zusätzlich weitergehende strukturelle Reformen des deutschen Gesundheitswesens.

5.1.1 Kostendämpfungsgesetze (1977-83)

Von einer „Kostenexplosion" in der GKV kann für die Bundesrepublik Deutschland lediglich zu Beginn der siebziger Jahre gesprochen werden.[173] Dieser sollte mit den Kostendämpfungsgesetzen ab 1977 begegnet werden. Mit den Kostendämpfungsgesetzen wurde die bis dato existierende prozentuale Selbstbeteiligung durch eine feste Gebühr pro Verordnung abgelöst.[174] Dabei wurden mit dem Krankenversicherungs-Kostendämpfungsgesetz (KVKG) in vielen Leistungsbereichen Selbstbeteiligungsregelungen eingeführt und diese im Kostendämpfungs-Ergänzungsgesetz (KVEG) modifiziert und detaillierter ausgeführt.[175] Die Änderungen für den Bereich der Heil- und Hilfsmittel sind im Anhang wiedergegeben (Anhang A.4).

Bei Heil- und Hilfsmitteln galt mit dem KVKG zunächst eine feste Zuzahlung je verordnetem Mittel, die mit dem KVEG 1981 durch eine feste Verordnungsblattgebühr abgelöst wurde. Die Selbstbeteiligungsregeln wurden durch einzelfallbezogene Härtefallregelungen und Befreiung bestimmter Personengruppen (Kinder und Jugendliche unter 16 Jahren, Schwangere, Kriegsbeschädigte) flankiert.[176] Ein expliziter Ausschluss bestimmter Heil- oder Hilfsmittel fand nicht statt; allerdings waren

---

[172] vgl. SVR(2003), Ziff. 70f
[173] ebd. Ziff. 70
[174] vgl. CHOU(1993), S.68
[175] vgl. PFAFF et al(1994), S.69
[176] vgl. REICHELT(1994), S.158f

die Mehrkosten aufwändiger Hilfsmittel vollständig vom Versicherten zu tragen. Sowohl in diesem Fall als auch bei den Härtefallregelungen fehlten jedoch objektiv festgelegte Maßstäbe und Belastungsgrenzen zur fallübergreifenden Entscheidung der Anwendung der Ausnahmeregelungen.

5.1.2 Reformgesetzgebung der achtziger und neunziger Jahre

Durch das GRG wurde in den achtziger Jahren mit dem Sozialgesetzbuch Fünf eine neue gesetzliche Grundlage für die GKV geschaffen. Die Zuzahlungsregelungen wurden deutlich umfangreicher und detaillierter als in den vorangegangenen Kostendämpfungsgesetzen. Im Bereich der Heilmittel galt mit dem GRG eine prozentuale Zuzahlung von 10%. Im Arznei- und Hilfsmittelbereich wurden Festbeträge eingeführt, bis zu deren Höhe die Kosten der Hilfsmittel von den Krankenkassen übernommen wurden.[177] Ausnahmen von dieser Regelung in Form von Härtefällen oder bestimmter Personengruppen, die den überschießenden Betrag nicht zu zahlen hatten, wurden nicht eingeführt.[178] Auch der Einfluss des technologischen Fortschritts im Gesundheitswesen zeigt sich beim GRG anhand der Kostenübernahme für Kontaktlinsen, die sich als Substitut zur Brille etablieren konnten und im gleichen Maße finanziell bezuschusst wurden. Insgesamt gestalteten sich die Selbstbeteiligungsregelungen in den einzelnen Leistungsbereichen der GKV mit Inkrafttreten des GRG sehr viel heterogener. Auf der anderen Seite wurden die Belastungsgrenzen der Zuzahlung mit Bezug auf das monatliche Bruttoeinkommen bzw. das Jahresbruttoeinkommen objektiviert und somit über die verschiedenen Leistungsbereiche hinweg vereinheitlicht.[179]

Mit dem GSG wurden 1993 vor allem organisatorische Reformen der GKV und die Einführung von Wettbewerbselementen auf der Anbieterseite vorangetrieben, z.B. durch Ausweitung der Kassenwahlfreiheit, Einführung regionaler Verträge und des Risikostrukturausgleichs. Zudem wurde mit dem GSG die Budgetierung für Arznei- und Hilfsmittel eingeführt.[180] Mit dem Beitragsentlastungsgesetz wurden 1996 neben Erhöhungen der Zuzahlungen für Arzneimittel auch die Erstattungen von Brillengestellen durch die GKV 1997 eingestellt. Nach dem Ende der Budgetierungen in vie-

---

[177] vgl. PFAFF et al(1994), S.77
[178] vgl. REICHELT(1994), S.159
[179] ebd. S.159
[180] vgl. PFAFF et al(1994), S.106ff

len Bereichen der GKV im selben Jahr und einem erneut wachsenden Einnahmedefizit sollte mit „der dritten Stufe der Gesundheitsreform", dem ersten und zweiten GKV-Neuordnungsgesetz (GKV-NOG), die Leistungsfähigkeit und Finanzierbarkeit der GKV gesichert werden. Neben einer Stärkung der Kompetenz der Selbstverwaltung, der Einführung von Strukturverträgen und Modellvorhaben wurden die Zuzahlungen in den meisten der GKV Leistungsbereichen (u.a. Arznei- und Heilmittel) weiter erhöht, die Härtefallgrenzen jedoch gleichzeitig abgesenkt.[181] Mit dem Ersten GKV-NOG wurden außerdem die Zuzahlungen der Patienten an die Beitragssatzentwicklung der einzelnen Krankenkassen gekoppelt, sowie die Härtefallregelungen für chronisch Kranke verbessert.[182] Die zentralen Änderungen der einzelnen Reformgesetze im Bereich der Zuzahlungsregelungen bei Heil- und Hilfsmitteln sind im Anhang A.5 tabellarisch wiedergegeben.

5.1.3 Gesundheitsmodernisierungsgesetz (2003)

Vor Inkrafttreten des GMG am 1. Januar 2004 bestanden für die Heil- und Hilfsmittel prozentuale Zuzahlungsregelungen. Für Heilmittel galt bis dato eine Zuzahlung von 15% zu den Kosten des jeweiligen Heilmittels, für bestimmte Hilfsmittel (Bandagen, Einlagen, Hilfsmittel zur Kompressionstherapie) wurden von der gesetzlichen Krankenkasse die Kosten bis zu einer im Hilfsmittelverzeichnis geregelten Höhe übernommen. Von diesen Kosten wiederum hatte der Versicherte einen Kostenanteil von 20% zu tragen.[183] Für alle weiteren Hilfsmittel war keine Zuzahlung zu den von der Krankenkasse übernommenen Kosten in Höhe der Festbeträge zu leisten. Brillen und Sehhilfen wurden bei medizinischer Notwendigkeit gemäß der Festbetragsregelung ebenfalls erstattet. Anhang A.6 gibt die Änderungen im Detail wieder.

Mit dem GMG soll sowohl eine Kostendämpfung in der GKV erzielt werden, als auch eine schrittweise Strukturreform des deutschen Gesundheitswesens durchgeführt werden. Mit dem GMG wird unter anderem eine Neuordnung der Arznei- und Hilfsmittelversorgung angestrebt, deren Notwendigkeit mit der überproportionalen Ausgabensteigerung in diesen Bereichen begründet wird. Als steuernde Maßnahmen

---

[181] vgl. ZÖLLER(1997), S.22
[182] für Näheres vergleiche BUNDESGESETZBLATT(1997)
[183] vgl. VDAK/AEV(2003), S.88

wurden daher u.a. die Festbetragsregelungen für Arznei- und Hilfsmittel weiterentwickelt. Die Festbeträge für Hilfsmittel wurden dabei auf Bundesebene festgelegt.[184]

Das GMG beinhaltet weitgehende Änderungen und Ausweitungen im Bereich der Selbstbeteiligung. Die Entlastungseffekte dieser Zuzahlungsanhebungen in den Jahren 2004 bis 2007 werden vom Gesetzgeber auf jeweils 3,2 Mrd. Euro geschätzt.[185] Grundsätzlich sieht das GMG bei allen Leistungen eine Zuzahlung von 10 % vor, die jedoch nicht unter 5 € und nicht über 10 € liegen darf. Es zeigt sich jedoch, dass besonders die Regelungen bei Heilmitteln, Sehhilfen und Hilfsmitteln zum Verbrauch, bei denen nach Verbrauchseinheit abgerechnet wird, von diesem Grundsatz abweichen. Als Verbrauchseinheit wird dabei der Monatsbedarf je Indikation bezeichnet, unabhängig von der Verpackungsart, so dass je Indikation auch mehrere Hilfsmittel pro Monat nur mit insgesamt 10 Euro vom Patienten zu bezuschussen sind.[186]

Einhergehend mit der Veränderung der Selbstbeteiligungsregeln gelten mit dem GMG auch neue Regeln zur Zuzahlungsbefreiung. Die mit dem GRG gesetzlich verankerten Härtefallregelungen unterschieden zunächst zwei, seit 1999 drei Befreiungstatbestände, darunter auch die Zuzahlungsbefreiung für Bezieher von Sozialhilfe, Kriegsopferfürsorge, Arbeitslosenhilfe oder Ausbildungsförderung. Seit Inkrafttreten des GMG sind auch diese Versicherten zur Zahlung von Zuzahlungen verpflichtet. Die jährliche Höhe der Zuzahlungen ist dabei in jedem Fall auf 2% des Bruttoeinkommens beschränkt, für chronisch Kranke gilt eine jährliche Belastungsgrenze von 1%. Der besonderen Situation von Familien wird neben der Zuzahlungsbefreiung von Minderjährigen durch Freibeträge für Kinder und nicht berufstätige Ehegatten Rechnung getragen.[187]

Abbildung 10 zeigt die Verläufe der Selbstbeteiligung bei Heil- und Hilfsmittel nach Inkrafttreten des GMG im Vergleich zur alten Regelung. Der Preis des Hilfsmittels bezieht sich dabei auf ein Hilfsmittel, das gemäß Festbetrag voll von der GKV erstattet wird. Für Heilmittel zeigt sich eine gestiegene Belastungen des Versicherten für Heilmittel bis zum Preis von 200 €, bei Heilmitteln oberhalb dieses Preises liegen die Zuzahlungen nach GMG unterhalb der alten Regelung. Im Bereich der Hilfsmittel

---

[184] vgl. DEUTSCHER BUNDESTAG(2003), S.75
[185] ebd. S.171
[186] ebd. S.85
[187] vgl. PFAFF et al(2003), S.28f

zwischen 50 und 100 € entspricht die Zuzahlung nach GMG einer prozentualen Selbstbeteiligung, über 100 € entspricht sie einer festen Gebühr. Im Bereich ab 25 € suggeriert die Grafik eine stark gesunkene Belastung durch Zuzahlungen für Hilfsmittel. Es muss jedoch beachtet werden, dass die neuen Zuzahlungsregelungen nunmehr grundsätzlich alle Empfänger von Hilfsmitteln treffen, sofern bei diesen nicht die Zuzahlungsbegrenzungen greifen. Besonders der betroffene Personenkreis und die Verteilung der Kosten sind daher bei Selbstbeteiligungen im Bereich der Heil- und Hilfsmittel von besonderer Bedeutung.

Abbildung 8:
Verlauf der Selbstbeteiligung bei Heil- und Hilfsmitteln
vor und nach Inkrafttreten des GMG

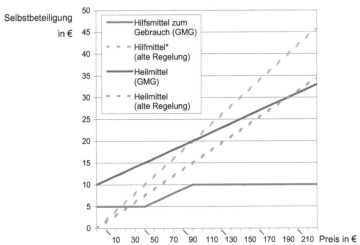

* Bandage, Einlage oder Hilfsmittel zur Kompressionstherapie

Quelle: eigene Darstellung

5.2 Besonderheiten der Versorgung

Die Untersuchung der Wirkung von Selbstbeteiligungen muss sowohl Personenkreis als auch Höhe und Zeitraum der finanziellen Belastungen umfassen. Es ist außerdem zu beachten, dass Selbstbeteiligungen je nach Leistungsbereich der GKV unterschiedliche Personengruppen treffen, so dass die Dauer, Intensität und folglich Höhe der monetären Belastung erheblich variieren können. Diese Einflussfaktoren, die sich aus der spezifischen medizinischen Wirkung der Heil- und Hilfsmittel ergeben, erleichtern einen späteren Vergleich der Wirkungen und Belastungen der Selbstbeteiligung mit anderen Leistungsbereichen der GKV. Sie erlauben zudem Aussagen über die Eignung eines Leistungsbereichs zur Selbstbeteiligung[188] und ihrer Auswirkungen.

5.2.1 Besonderheiten bei Heilmitteln

Die Selbstbeteiligung bei Heilmitteln trifft nur einen geringen Anteil der Versicherten, da die Leistungen nur von wenigen Versicherten überhaupt in Anspruch genommen werden. Abbildung 9 zeigt, dass beispielsweise die Kosten der Physiotherapie pro Nutzer mehr als siebenmal höher sind als die Kosten pro Mitglied. Bei der Arzneimittelversorgung hingegen verursacht jeder Nutzer nur geringfügig höhere Kosten als jedes Mitglied. Arzneimittel gehören folglich zu den Leistungen, die von beinahe jedem Versicherten genutzt werden, Heilmittel wie die Physiotherapie jedoch nur von einer kleinen Gruppe. Die Selbstbeteiligungen im Heilmittelbereich treffen somit auch nur eine kleine Gruppe von Versicherten und stellen keine Belastung für die Mehrzahl der Versicherten dar. Das WIdO bestätigt diese Schlussfolgerung. Demnach nahmen im ersten Quartal 2003 lediglich 6,6% der AOK-Versicherten Heilmittel in Anspruch, die Physiotherapie machte 82% der Heilmittelumsätze in diesem Zeitraum aus.[189]

Abbildung 9:
Vergleich der Ausgabenrelation von Nutzer zu Mitglied

Ausgaben-sektor GKV	Kosten je Mitglied (DM)	Kosten je Nutzer (DM)	Ausgabenrelation Nutzer zu Mitglied
Arzneimittel	656	808	1,23
Physiotherapie	87	631	7,25
Zahnersatz	258	1325	5,14
Krankenhaus	1271	7369	5,80
Fahrkosten	48	380	7,92

Quelle: PFAFF et al(1994); eigene Berechnungen

Heilmittel haben neben Kuren den stärksten „Wellnesscharakter"[190] von allen Leistungsbereichen der GKV. Die Förderung des Wohlbefindens durch den Einsatz von

---

[188] vgl. PFAFF(2003), S.22
[189] SCHRÖDER/WALTERSBACHER/FAEHRMANN(2003), S.14
[190] vgl. Bezeichnung der Heilmittel als „Wellness für die Massen" von METKE(2004)

Heilmitteln tritt dabei vermehrt neben die originären Ziele wie z.B. der postoperativen Rehabilitation oder dem Beheben motorischer und logopädischer Störungen. Die Inanspruchnahme von Heilmitteln verursacht darüber hinaus im Vergleich zum Arzneimittelsektor unabhängig von einer pretialen Selbstbeteiligung des Versicherten Zeit- und Opportunitätskosten für die Inanspruchnahme von Heilmitteln.

5.2.2 Besonderheiten bei Hilfsmitteln

Hilfsmittel ersetzen Körperfunktionen des Patienten, wobei in den allermeisten Fällen der Ausfall dieser Körperfunktionen irreparabel und der Patient dauerhaft auf die Versorgung mit Hilfsmitteln angewiesen ist. Selbstbeteiligungen bei Hilfsmitteln wirken somit bei Nutzern von Hilfsmitteln oft in Form einer Dauerbelastung, die periodisch (z.B. bei Ersatz des Hilfsmittels) auftritt. Die Höhe der Selbstbeteiligung pro Periode kann jedoch durch Pflege des Hilfsmittels gesenkt werden, ohne dass sich der therapeutische Nutzen verringert. Wichtig ist hierbei die Unterscheidung von Hilfsmitteln zum Verbrauch und Gebrauch. Eine Orientierung der Höhe der Selbstbeteiligung allein an der Packungsgröße -wie bei Arzneimitteln- führt bei bestimmten Hilfsmitteln zudem zu einer übermäßigen Belastung des Patienten, falls zur Nutzung des Hilfsmittels eine Verordnung mehrere Produkte (z.B. Basisplatten und Stomaapparat oder Ernährungspumpe und Überleitgerät) notwendig ist.[191] Diese übermäßige Belastung tritt dann auf, wenn ein fixer Selbstbeteiligungsbetrag pro Hilfsmittel und nicht pro Verordnungseinheit festgelegt wird.

Der GEK-Heil- und Hilfsmittel-Report 2004 zeigt, dass sich die Hilfsmittelausgaben auf lediglich 25,8% der Versicherten verteilen. Im Arzneimittelbereich hingegen verteilen sich die entstehenden Kosten vergleichsweise breit, nämlich auf 75,3%der Versicherten, d.h. drei von vier Versicherten haben im Beobachtungszeitraum Arzneimittel in Anspruch genommen, jedoch nur einem von vier Versicherten wurden Hilfsmittel verordnet.[192] Eine pauschale Aussage zum Umfang des Nutzerkreises verbietet sich jedoch aufgrund der heterogenen Struktur des Sektors, so dass die Teilmärkte orthopädische Hilfsmittel, Seh-/Hörhilfen, Dialyse und sonstige Hilfsmittel separierte betrachtet werden müssen. So sind bspw. über 41,8 Mio. Erwachsene (ab 16 Jahre) in Deutschland Sehhilfenträger (davon 2,4 Mio. Kontaktlinsenträger);

---

[191] BVMed(2004), Pressemitteilung (20.08.03)
[192] vgl. GEK(2004b), S.45

dies entspricht einem Anteil von 67% an der Bevölkerung über 16 Jahre.[193] Diese hohe Fallzahl kann zu einer hohen Einsparwirkung der Selbstbeteiligung führen, da bereits geringe Zuzahlungen in einem spürbaren Ausgabenrückgang resultieren. Übt die Selbstbeteiligung einen Steuerungseffekt aus, so kommt es zu einer hohen Einsparwirkungen aufgrund des hohen absoluten Rückgangs an Leistungsfällen.[194]

Im Fall der orthopädischen Hilfsmittel ist von einer kleineren Gruppe von Nachfragern auszugehen, die von Zuzahlungsregelungen im Bereich der orthopädischen Prothesen betroffen sind. Nach Angaben des Statistischen Bundesamts sind 6,7 Mio. Menschen in Deutschland schwerbehindert, dies entspricht 8,1% der Gesamtbevölkerung. Bei weniger als einem Drittel dieser Menschen (2 Mio.) und somit 2,4% der Bevölkerung ist diese Behinderung auf Funktionsstörungen des Bewegungsapparates zurückzuführen.[195] Für den Teilbereich der orthopädischen Schuhe weist die GEK einen regional stark schwankenden Anteil von ca. 1,5-4% der Leistungsbezieher an den Versicherten aus.[196] Diese Unterschiede in Umfang und Struktur der Nutzergruppen müssen bei der folgenden Analyse der Finanzierungs- und Steuerungseffekte bei Hilfsmitteln beachtet werden.

5.3 Finanzierungs- und Steuerungseffekte bei Hilfsmitteln

In diesem Abschnitt werden exemplarisch die Finanzierungs- und Steuerungswirkungen für Hilfsmittel betrachtet, da sich die Erbringung von Heilmitteln – wie oben erwähnt – grundsätzlich wenig von der Leistungserbringung im ambulanten Sektor unterscheidet.

5.3.1 Wirkungen auf die Ausgabenentwicklung

Eine Finanzierungswirkung der Selbstbeteiligung bei Hilfsmitteln liegt dann vor, wenn sich ein Ausgabenrückgang zu einem Zeitpunkt mit der Einführung einer Selbstbeteiligung in diesem Bereich erklären lässt. Abbildung 10 zeigt unveränderte Ausgaben für 1993 und einen Ausgabenrückgang für die Jahre 1997 und 1998. Der Wachstumsstillstand 1993 ist vor allem mit den erhöhten Zuzahlungsregelungen bzw. der Einführung von Festbeträgen für Hilfsmittel durch das GRG zu erklären,

---

[193] vgl. KGS(2003)
[194] vgl. PFAFF et al(2003), S.22
[195] vgl. OT-FORUM(2004)
[196] vgl. GEK(2004b), S.110

die nach einer Übergangszeit ab 1993 in voller Höhe in Kraft traten.[197] Allerdings zeigt der überproportionale Anstieg der Hilfsmittelausgaben 1992 um 21,7% gegenüber dem Vorjahr, dass notwendige Hilfsmittelausgaben der Versicherten möglicherweise vorgezogen und vor Inkrafttreten der neuen Regelungen getätigt wurden. Dieser ,Vorzieheffekt' wird im Allgemeinen gefolgt vom Rückgang der Inanspruchnahme im Jahr der Selbstbeteiligung mit einer sich anschließenden ,Nachholbewegung'. Mittelfristig kann daher keine Nettoeinsparung der GKV-Ausgaben verzeichnet werden.[198] Für die Heilmittel ist diese spezifische Abfolge der Effekte klar zu beobachten, im Hilfsmittelbereich fällt diese Reaktion der Versicherten auf die Einführung der Selbstbeteiligung jedoch schwächer aus. Nach der Einführung der Selbstbeteiligung betrug die Wachstumsrate der Hilfsmittelausgaben 11,9% (1994), 9,1% (1995) und 9% (1996). Für die Heilmittelausgaben sind für die Jahre 1994 bis 1996 Wachstumsraten von 16,9%, 10,8% und 9,1% zu verzeichnen.

Abbildung 10:
Veränderungsraten der Heil- und Hilfsmittelausgaben in Prozent (1992-2002)

	1992	1993	1994	1995	1996	1997	1998	1999	2000	2001	2002
Hilfsmittel	21,7	0,0	11,9	9,1	10,9	-5,9	-1,3	3,8	4,6	2,3	3,2
Heilmittel	15,8	-3,2	16,9	10,8	9,1	-8,6	13,1	-1,0	-0,6	5,6	14,6

▲ | ▲
Inkrafttreten GRG | Inkrafttreten Beitragsentlastungsgesetz

Quelle: eigene Berechnungen nach BMGS(2004c), Tabelle KF03Bund

Das GRG hat somit bei den Hilfsmitteln nur einen kurzfristigen Finanzierungseffekt ausgelöst. Eine langfristige Verlagerung der GKV-Ausgaben für Hilfsmittel auf den einzelnen Versicherten konnte mit den Festbetragsregelungen des GRG nicht bewirkt werden. Dies zeigt auch der weiter steigende Anteil der GKV-Ausgaben an den Gesamtausgaben für Hilfsmittel im Zeitraum 1993-1996[199]. Die Festlegung von Festbeträgen führt zudem insb. im Hilfsmittelbereich zu spezifischen Problemen, da sich hierbei oft an den Preisen der günstigsten Anbieter orientiert wird. Anbieter hochpreisiger Hilfsmittel können auf die niedrig festgelegten Erstattungsgrenzen oft mit Einschränkung der Qualität bei Abgabe versichertenbezogenen Leistungen z.B.

---

[197] vgl. PFAFF et al(1994), S.77
[198] vgl. REICHELT(1994), S.162ff
[199] vgl. Abbildung 4, S.22

bei der Beratung des Patienten, Anpassung, Wartung und Instandsetzung des Hilfs-mittels reagieren.[200] Regional unterschiedliche Festbeträge führen zudem zu unter-schiedlichen Selbstbeteiligungen in den einzelnen Bundesländern, die nicht nur auf unterschiedliche Preisniveaus, sondern auch auf Unterschiede in der regionalen An-gebotstruktur zurückzuführen sind und somit Verteilungswirkungen auslösen. Ein Versicherter in Baden-Württemberg zahlt somit möglicherweise aufgrund der Fest-betragsregelung für dieselbe Leistung weniger als ein Versicherter in Hamburg.[201]

Abbildung 11:
GKV-Anteil am Branchenumsatz der Augenoptik in Prozent (1995-2003)

Quelle: zusammengestellt aus ZVA(2004), S.3, SPECTARIS(2003), S.14
eigene Darstellung

Das Beitragsentlastungsgesetz führte 1997 zu einem Ausgabenrückgang im Bereich der Hilfsmittel um knapp 6%. Ursächlich hierfür ist sicherlich vor allem der Wegfall des GKV-Zuschusses zum Brillengestell. Der Brillenabsatz sank von 17,8 Mio. Stück (1995) um knapp 15% stark ab und liegt auch langfristig deutlich unter den jährlich Stückzahlen vor Inkrafttreten der Regelung Anfang 1997. Vermehrt werden zudem Brillengläser in bereits vorhandene Fassungen eingearbeitet.[202] Neben einem absoluten Umsatzrückgang bei Brillen sank zudem der Anteil der GKV-Ausgaben an den Umsätzen von 25,3% (1995) auf zuletzt 18,4% (2003).[203] In Abbildung 11 lässt sich zudem für 2003 ein „Mitnahmeeffekt" im Bereich der Sehhilfen erkennen. Die Ausgaben der GKV für Sehhilfen stiegen 2003 um 21% bezogen auf das Vorjahr, der

---

[200] vgl. GEK(2004b), S.17f
[201] vgl. GEK(2004b), S.111
[202] vgl. SPECTARIS(2003), S.10ff
[203] vgl. SPECTARIS(2003), S.14 und ZVA(2004), S. 3

Branchenumsatz lediglich um 12,2%.[204] Es ist also davon auszugehen, dass insbesondere GKV-Versicherte vor Inkrafttreten des GMG verstärkt Sehhilfen nachgefragt haben. Dabei wurden insbesondere preiswerte Brillengestelle nachgefragt.

Die Selbstbeteiligung bei Sehhilfen zeigt somit kurzfristig die typischen Effekte einer Selbstbeteiligung, nämlich einen Ausgabenanstieg vor Inkrafttreten der gesetzlichen Regelungen und einen abrupten Nachfragerückgang im ersten Jahr der Gültigkeit. Der langfristig sinkende Anteil der GKV-Ausgaben an den Gesamtausgaben für Sehhilfen ist auf verschiedene Ursachen zurückzuführen. Zum einen zeigt eine Untersuchung des Allensbachs Instituts, dass die Bereitschaft der GKV-Versicherten, auf den Kassenzuschuss zu verzichten, im Zeitraum 1993-2002 gestiegen ist. 34% der Befragten würden 2002 den Neukauf einer Brille nicht wegen des ausbleibenden Kassenzuschusses verschieben, 1993 waren es noch 22%.[205] Die Zahlungsbereitschaft für dieses Hilfsmittel ist somit scheinbar gestiegen. Darüber hinaus ist ein anhaltender Trend zu höherwertigen Brillenmaterialien (u.a. Entspiegelung, Gleitsichtgläser oder spezielle Härtung von Kunststoffgläsern) festzustellen.[206] Ein qualitativ bedingt steigender Durchschnittspreis für Brillen sorgt somit bei einem festen Zuschuss zu einem sinkenden GKV-Anteil des Branchenumsatzes. Am Beispiel der Sehhilfen wird deutlich, dass Versicherte auf eine Erhöhung der Selbstbeteiligung[207] bei dringend benötigten Hilfsmitteln insbesondere mit Variation der Qualität und Verlängerung der Nutzungsdauer des Hilfsmittels, in diesem Fall durch Einarbeitung neuer Gläser in vorhandene Fassungen, reagieren.

Auch das GMG zeigt auf den ersten Blick deutliche Finanzierungswirkungen bei den Hilfsmitteln. Im ersten Halbjahr 2004 gingen die Ausgaben für Hilfsmittel im Vergleich zum 1. Halbjahr 2003 um 13,5% zurück. Dies ist neben dem Ausgabenrückgang des Sterbegelds, das mit Inkrafttreten des GMG aus dem Leistungskatalog der GKV gestrichen wurde, der stärkste prozentuale Rückgang eines einzelnen Leistungsbereichs. Somit sind knapp 12,4% der bis dato in der GKV erzielten Einsparungen von über 2,7 Mrd. € auf den Nachfragerückgang bei Hilfsmitteln zurückzuführen.[208] Dieser Finanzierungseffekt ist jedoch vor allem durch den Aus-

---

[204] vgl. ZVA(2004), S.1
[205] vgl. KGS(2003), Tabelle 12
[206] vgl. ZVA(2004), S.2
[207] Der Wegfall eines Zuschusses entspricht faktisch einer Erhöhung der Selbstbeteiligung auf 100%.
[208] vgl. BMGS(2004b)

gabenrückgang bei Sehhilfen von knapp 73% zu erklären. Geht man davon aus, dass von den GKV-Ausgaben für Sehhilfen in Höhe von 818 Mio. €[209] aufgrund des Mitnahmeeffekts zum Jahresende lediglich 300-350 Mio. € in der ersten Jahreshälfte 2003 getätigt wurden, so kann die absolute Einsparung bei den Sehhilfen für die GKV auf 219-255,5 Mio. € beziffert werden. Bei einem absoluten Ausgabenrückgang der Hilfsmittel im selben Zeitraum in Höhe von 340 Mio. € auf insgesamt 2,138 Mrd. € ergibt sich lediglich ein Ausgabenrückgang bei Hilfsmitteln (exklusive Sehhilfen) zwischen 5% und 7,3%. Die Finanzierungs- oder Steuerungswirkung bei den Hilfsmitteln kann somit pauschal nicht als überproportional hoch eingestuft werden.

5.3.2 Wirkungen in Abhängigkeit von der Nutzergruppe

Weitere Schlussfolgerungen über die Wirkung der Selbstbeteiligung bei Hilfsmitteln sind mit Hinblick auf Größe und Struktur des Nutzerkreises und den Auswirkungen der Härtefallregelungen im Bereich der Hilfsmittel möglich. Bei hypothetisch unterstellten identischen Formen der Selbstbeteiligung und Härtefallregelungen erzielen Sehhilfen bereits aufgrund des sehr viel umfangreicheren Nutzerkreises eine höhere absolute Finanzierungswirkung als bspw. orthopädische Hilfsmittel. Die Gesamtzahl der Brillen- bzw. Kontaktlinsenträger verteilt sich zudem gleichmäßiger über die einzelnen Altersgruppen als die Gesamtzahl der Nachfrager von Mobilitätshilfen oder orthopädischen Hilfsmitteln. Letztere treten massiert in höheren Altersgruppen auf und sind daher im Mittel älter als der durchschnittliche Nachfrager von Sehhilfen. Jüngeren, nicht-mobilitätsbehinderten Versicherten fällt es in den meisten Fällen leichter, durch Vergleich unterschiedlicher Anbieter und die Nutzung moderner Kommunikationstechnologien (z.B. Internet), den preisgünstigsten Anbieter am Markt zu finden und so die Höhe der eigenen Zuzahlung möglichst gering zu halten. Die Steuerungswirkung aufgrund von ausreichender Markttransparenz und Konsumentensouveränität variiert im Hilfsmittelbereich je nach Hilfsmittel stark.

Die Frage, ob Empfänger von Hilfsmitteln aufgrund ihres Einkommens und Gesundheitszustands im Vergleich zu Patienten in anderen Leistungsbereichen überproportional stark von den Härtefallregelungen profitieren und aus diesem Grunde nur geringe Finanzierungs- und Steuerungswirkungen von der Selbstbeteiligung zu erwarten sind, lässt sich nur schwer beantworten, da aufgrund des heterogenen Wir-

---

[209] vgl. ZVA(2004), S.3

kungsbereichs von Hilfsmitteln eine eindeutige Zuordnung zu bestimmten Einkommensgruppen oder Krankheitsbildern nicht möglich ist. Eine mögliche Antwort kann mithilfe der Aufteilung der Hilfsmittelempfänger in verschiedene Gruppen vorgenommen werden.

Bei Krankheitsbildern wie Diabetes oder Asthma werden Hilfsmittel zum Ge- und Verbrauch dauerhaft benötigt, so dass die Höhe der Selbstbeteiligung in diesen Fällen auf 1% des Bruttoeinkommens beschränkt bleibt. Diese Gruppe von Versicherten verfügt oft über einen besonders guten Organisationsgrad und Marktüberblick (z.B. Diabetiker). Eine Selbstbeteiligung zielt bei dieser Gruppe von Versicherten somit insb. auf eine langfristige Verhaltensänderung der Versicherten von der „Vollkaskomentalität" hin zum souveränen Konsumenten von Hilfsmitteln ab. Ein Verzicht auf die Inanspruchnahme kann jedoch unabhängig von der Höhe der Kostenbeteiligung aufgrund der Chronizität der Krankheit nicht erreicht werden. Auch Prothesenträger, Träger orthopädischer Schuhe, Inkontinenzpatienten und andere sind dauerhaft auf Hilfsmittel und in regelmäßigen Abständen auf Ersatz dieser angewiesen, werden jedoch durch die Selbstbeteiligung in Höhe von maximal 2% ihres Bruttojahreseinkommen belastet. In dieser Gruppe trägt die Selbstbeteiligung vergleichsweise stark zur Erhöhung der Patientencompliance und eines pfleglichen Umgangs mit dem Hilfsmittel bei.

In anderen Fällen werden Hilfsmittel besonders im postoperativen und rehabilitativen Bereich eingesetzt. Im rehabilitiven Bereich sind Patienten oft nur temporär auf Hilfsmittel (Gehhilfen, Korsetts, Bandagen) angewiesen. In diesen Fällen kommt allein die kurzfristige Finanzierungswirkung einer Selbstbeteiligung zum Tragen, langfristige Steuerungswirkungen treten nicht ein. In allen Fällen trägt die Selbstbeteiligung dazu bei, dass die Verordnungsentscheidung des Arztes monetäre Konsequenzen für den Patienten impliziert. Die fehlende disziplinierende Wirkung durch eine Budgetierung wird somit im Bereich der Hilfsmittel möglicherweise verstärkt vom Patienten übernommen. Die Selbstbeteiligung im Bereich der Hilfsmittel unterscheidet sich zudem in weiteren Aspekten von anderen Leistungsbereichen, wie im folgenden Abschnitt gezeigt wird.

5.4 Vergleich von Selbstbeteiligungsregeln in anderen Bereichen

In Kapitel 5.2 wurde deutlich, dass sich Form und Höhe der Selbstbeteiligung bei Hilfsmitteln sowohl im zeitlichen Ablauf als auch innerhalb des Hilfsmittelsegments unterscheiden. Aussagen zu Finanzierungs- und Steuerungswirkungen sind dabei nur mit Einschränkungen zu treffen. Ein zusätzlicher Vergleich mit Zuzahlungsregelungen in anderen Bereichen der GKV kann helfen, die Wirksamkeit von Selbstbeteiligungsregelungen bei den Hilfsmitteln zu beurteilen. Unterschiedliche Finanzierungs- und Steuerungswirkungen können mit Hilfe dieses Vergleichs möglicherweise entweder auf Form und Höhe der Selbstbeteiligung, den betroffenen Personenkreis oder den spezifischen Charakter der benötigten Leistung zurückgeführt werden. Grundlage des Vergleichs ist dabei die Gesetzeslage nach Inkrafttreten des GMG.

5.4.1 Selbstbeteiligung bei Arzneimitteln

Der allergrößte Teil der wissenschaftlichen Literatur zur Selbstbeteiligung in der GKV hat die Arzneimittelversorgung zum Thema. Ursächlich hierfür ist sicherlich der hohe Anteil der Arzneimittelausgaben an den Gesamtausgaben der GKV[210] sowie der hohe Anteil an „Arzneimittelpatienten" an den GKV-Versicherten. Die Voraussetzungen für hohe Einsparwirkungen durch Zuzahlungsregelungen sind daher im Bereich der Arzneimittel besonders günstig. Nach zahlreichen Veränderungen der Zuzahlungsregelungen für Arzneimittel im Zeitverlauf[211] gilt seit dem 1. Januar 2004 analog zu den Hilfsmitteln eine auf 10 € begrenzte Selbstbeteiligung von 10% des Preises eines verschreibungspflichtigen Medikaments.[212]

Ein Vergleich der Belastung der Versicherten bei Arznei- und Hilfsmitteln kann durch die Aufteilung der jeweiligen Gesamtkosten auf die Gesamtzahl der „Arzneimittelpatienten" und „Hilfsmittelpatienten" erfolgen. Abbildung 12 zeigt, dass sich die Arzneimittelkosten ungleichmäßiger auf die Menge der Verordnungen verteilen als die Hilfsmittelkosten. So werden bspw. 80% der Gesamtkosten für Arzneimittel von 18,28% der „Arzneimittelpatienten" verursacht, im Vergleich zur Verursachung von 80% der Hilfsmittelausgaben durch 26,91% der „Hilfsmittelpatienten". Die Arzneimittelkosten verteilen sich im Vergleich zu den Hilfsmittelkosten zwar gleichmä-

---

[210] 2003 betrug der Ausgabenanteil für Arzneimittel 16,7% der Gesamtausgaben der GKV (vgl. BMGS(2004c), Tab. KF03Bund)
[211] für einen chronologischen Überblick vergleiche CHOU(1993), S.65ff
[212] vgl. BMGS(2004d), S.2

ßiger auf die GKV-Versicherten, die Kosten kumulieren jedoch stärker auf Patientengruppen mit einer vergleichsweise kostenintensiven Arzneimittelbehandlung. Bei den Arzneimitteln wird somit nur ein kleiner Teil der Patienten besonders hoch durch Selbstbeteiligungen belastet, da möglicherweise aufgrund von Multimorbidität und chronischer Erkrankungen unterschiedliche, indikationsspezifische Arzneimittel parallel verordnet werden.[213]

Abbildung 12:
Prozentuale Verteilung der Gesamtkosten für Arznei- und Hilfsmittel
auf die Versicherten mit den jeweiligen Verordnungen

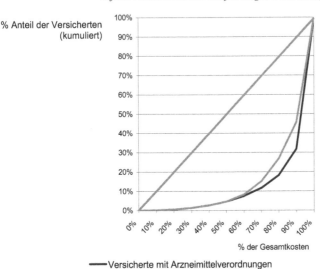

Versicherte mit Arzneimittelverordnungen
Versicherte mit Hilfsmittelverordnungen

Quelle: eigene Darstellung zusammengestellt aus GEK(2004a):
Tab. 2.3 und GEK(2004b): Tab. 4.6

Aufgrund der unterschiedlichen Branchengröße und -struktur unterscheidet sich der Einfluss von Pharmabranche und Hilfsmittelproduzenten bereits im Vorfeld der Einführung neuer Zuzahlungsregelungen erheblich. Die finanzstarke und sehr homogene Pharmabranche kann z.B. im Rahmen der Festsetzung von Festbeträgen und Festlegung von Kriterien des Zulassungsprozesses für neue Arzneimittel gezielt und wirkungsvoll Druck auf politische Entscheidungsträger ausüben. Die vergleichsweise kleine und sehr heterogen strukturierte Hilfsmittelbranche ist hingegen nur bedingt

---

[213] vgl. GEK(2004a), S.36

zu konzertierten Aktionen gegenüber der Politik im Stande. Zudem unterscheiden sich die Ausweichreaktionen der beiden Branchen bzgl. des Angebots grundlegend. Auf eine Senkung des Festbetrags für bestimmte Hilfsmittel kann seitens des Anbieters lediglich mit einer Einschränkung produktnaher Dienstleistungen oder verminderter Qualität reagiert werden, um die Gewinnmarge konstant zu halten. Für die Arzneimittelhersteller war es in der Vergangenheit vor allem die Entwicklung neuer, patentgeschützter Arzneimittel, die „[...] zum wichtigsten Kapital pharmazeutischer Hersteller und zum Hilfsmittel [wurden], die Unterstellung unter die Festbetragsgruppen zu umgehen.“[214] Ob von diesen patentgeschützten Arzneimitteln ein therapeutischer Zusatznutzen ausgeht, kann in vielen Fällen bezweifelt werden. Eindeutig ist hingegen die Qualitätsminderung bei Hilfsmitteln durch das Instrument der Festbeträge. Festbeträge können zwar in beiden Fällen Steuerungswirkungen durch Behebung mangelnder Markttransparenz bewirken; ein umfassender Preiswettbewerb ist jedoch nur im Pharmasektor möglich.[215]

Auch die Nachfragereaktion des Patienten auf Selbstbeteiligungen bei Hilfs- und Arzneimitteln unterscheidet sich aufgrund des spezifischen Charakters des verordneten Mittels. Bei Begrenzung der prozentualen Selbstbeteiligung hat der Patient besonders bei Arzneimitteln mit einem Preis über 100 € einen Anreiz, den Arzt um Verordnung einer Großpackung zu bitten und somit die Höhe der im Therapiezeitraum zu leistenden Selbstbeteiligung zu reduzieren. Die prozentuale Selbstbeteiligung entspricht in diesem Fällen wieder einer festen Gebühr.[216] Eine entsprechende Möglichkeit hat der Empfänger von Hilfsmitteln lediglich bei der Verordnung von Hilfsmitteln zum Verbrauch. Die pharmakologische Wirkung und therapeutische Wirksamkeit des verordneten Arzneimittels wiederum ist für den Patienten oft nur schwer oder temporal verzögert spürbar.[217] Die physikalische Wirkung eines Hilfsmittels hingegen ist für den Patienten unmittelbar offensichtlich (z.B. Brille, Hörgerät, Prothese) und oft eindeutig auf das Hilfsmittel zurückzuführen. Eine Selbstbeteiligung als individueller monetärer Beitrag im Therapieprozess wird somit von Patientenseite bei Hilfsmitteln eher akzeptiert als bei Arzneimitteln.

---

[214] GEK(2004a), S.10
[215] vgl. CHOU(1993), S.39ff
[216] vgl. PFAFF et al(2003), S.35
[217] vgl. REICHELT(1994), S.87

5.4.2 Die „Praxisgebühr" im ambulanten Sektor

Mit Inkrafttreten des GMG ist von jedem GKV-Versicherten pro Quartal beim erst-maligen Aufsuchen des Hausarztes eine „Praxisgebühr" von 10 Euro zu entrichten. Ausgenommen von dieser Zuzahlung sind Kontrollbesuche beim Zahnarzt (zwei Mal jährlich), Vorsorge- und Früherkennungstermine, Schutzimpfungen und Schwange-ren-vorsorge. Die Zuzahlung fällt nur einmal pro Quartal an, falls sich der Patient bei darauffolgenden Facharztbesuchen im selben Quartal vom Hausarzt überweisen lässt.[218] Zuzahlungen im ambulanten Sektor beabsichtigen somit primär eine stärkere Steuerung der Patientenströme und Stärkung der Lotsenfunktion des Hausarztes als erste Kontaktperson des Patienten im professionellen Gesundheitssystem. Die Be-handlungskosten können durch diese vermiedene Primärinanspruchnahme der Fach-ärzte laut Gesetzgeber deutlich gesenkt werden.[219] Die „Praxisgebühr" stellt zudem eine monetäre Schwelle für den Eintritt in das professionelle Gesundheitssystem dar, so dass sich vor allem Finanzierungswirkungen durch ausbleibende Arztbesuche bei Bagatellerkrankungen ergeben.

Nahezu jeder GKV-Versicherte nimmt ambulante Leistungen in Anspruch, ältere Versicherte werden durch die „Praxisgebühr" in jedem Fall deutlich stärker finanziell belastet.[220] Im Gegensatz zur Selbstbeteiligung bei den Hilfsmitteln hat der Patient im ambulanten Sektor die Möglichkeit, die Selbstbeteiligung auch langfristig durch verstärkte Überweisungen oder Vorzugs- und Nachholeffekten der Arztbesuche an den Quartalsgrenzen zu steuern.[221] Die Praxisgebühr steht im Gegensatz zur Selbst-beteiligung bei den Hilfs- oder Arzneimitteln zudem nicht im direkten Zusammen-hang mit den Kosten der medizinischen Leistung. Zuzahlungen bei Hilfsmitteln werden somit vom Patienten deutlicher als individueller Beitrag zum Therapiepro-zess erkannt. Diese feste Gebühr leistet jedoch lediglich einen Finanzierungsbeitrag und einen Beitrag zur Sensibilisierung der Versicherten für die entstehenden Kosten im Gesundheitssystem.[222]

Aufgrund der Vergütungsstrukturen im ambulanten Sektor kann die „Praxisgebühr" im Gegensatz zu den Produktmärkten der Arznei- und Hilfsmittel keinen Preiswett-

---

[218] DEUTSCHER BUNDESTAG(2003), S.77
[219] ebd. S.173
[220] vgl. PFAFF et al(2003), S. 41, Abbildung 10
[221] ebd. S. 43f
[222] vgl. ROSIAN et al(2003), S.13

bewerb der Anbieter medizinischer Leistungen initiieren. Die Qualität der ärztlichen Leistung (diagnostisch oder auch therapeutisch) ist ohnehin für den Patienten kaum monetär zu bewerten, so dass die Wirkung einer Selbstbeteiligung im ambulanten Sektor auch hinsichtlich eines Qualitätswettbewerbs der Anbieter kritisch zu beurteilen ist. Aufgrund der spezifischen Produkteigenschaften von Hilfsmitteln und der Marktstrukturen im Hilfsmittelsektor sind Selbstbeteiligungen in diesem Bereich im Vergleich zur „Praxisgebühr" eher geeignet, die Rolle des Patienten im Versorgungsprozess aufzuwerten.

5.5 Zwischenfazit

Die Gesetzgebung in der GKV seit Ende der siebziger Jahre zeigt auch im Heil- und Hilfsmittelbereich stetige Veränderungen der Zuzahlungs- und Härtefallregelungen. Mit dem GMG wurden diese Zuzahlungen weiter ausgeweitet und vereinheitlicht. Im Bereich der Heilmittel zeigt die Entscheidung des Gesetzgebers für eine Mindesthöhe der Selbstbeteiligung ohne Begrenzung der Zuzahlungshöhe noch einmal den unterschiedlichen medizinischen Charakter der beiden Leistungsbereiche. Der höhere Wellnesscharakter der meisten Heilmittel rechtfertigt dabei eine stärkere Eigenbeteiligung der Patienten, Hilfsmittel hingegen substituieren temporär oder dauerhaft notwendige Körperfunktionen.

Selbstbeteiligungen bei Heil- und Hilfsmitteln treffen aufgrund der kleinen Nutzergruppen in den meisten Fällen nur einen geringen Teil der GKV-Versicherten. Eine Ausnahme bilden die Sehhilfen, die von einer breiten Mehrheit der GKV-Versicherten in Anspruch genommen werden. Entsprechend hoch sind die Einsparwirkungen durch Kürzung bzw. Wegfall des GKV-Zuschusses zu den Kosten einer Sehhilfe. Finanzierungseffekte für die GKV sind aufgrund von Vorzieheffekten und Nachholbewegungen bei Heil- und Hilfsmitteln allerdings nur temporär. Ein exemplarischer Vergleich mit den Selbstbeteiligungsregeln im Arzneimittelbereich und im ambulanten Sektor macht deutlich, dass die Wirkung einer Selbstbeteiligung auch stark mit den Strukturen und Anreizsystemen des jeweiligen Sektors zusammenhängt.

6 Fazit und Empfehlung

In der vorliegenden Arbeit wurde zum einen die Rolle der Heil- und insbesondere die Rolle der Hilfsmittel im deutschen Gesundheitswesen erläutert. Es wurde deutlich, dass gerade der Hilfsmittelmarkt durch eine sehr heterogene Marktstruktur und hieraus folgend auch die Nachfrage durch sehr unterschiedliche Nutzergruppen geprägt ist. Für den Heilmittelmarkt hingegen lassen sich aufgrund des Dienstleistungscharakters der Heilmittel und aus der Angebotsstruktur der Leistungserbringer resultierend Ähnlichkeiten zur Leistungserbringung im ambulanten Sektor erkennen. Deutlich zu Tage treten die Unterschiede der beiden Leistungsbereiche auch bei der fehlenden Budgetierung für Hilfsmittel in der GKV, welche entscheidenden Einfluss auf das Verordnungsverhalten des Arztes und somit auch auf die Nachfrage nach Hilfsmitteln hat. Eine – oft beobachtete – pauschale Untersuchung des GKV-Leistungsbereichs ‚Heil- und Hilfsmittel' oder gar eine Subsummierung unter den ausgabenintensiven Leistungsbereich ‚Arzneimittel' ist daher nicht nur grob vereinfachend, sondern methodisch inkorrekt und wird der wachsenden Bedeutung dieser beiden Leistungsbereiche an den GKV-Ausgaben nicht gerecht. Es ist daher um so erfreulicher, dass mit dem GEK-Heil- und Hilfsmittel-Report 2004 nahezu zeitgleich mit dieser Arbeit eine umfassende Untersuchung vorgelegt wird, die beide Bereiche unabhängig voneinander und umfassend analysiert.

Vor dem Hintergrund wachsender Finanzierungsschwierigkeiten der GKV und anhaltender Reformmaßnahmen wurden in dieser Arbeit zudem Möglichkeiten und Wirkungen des Instruments der Selbstbeteiligung für den Bereich der Heil- und Hilfsmittel, schwerpunktmäßig jedoch für den Bereich der Hilfsmittel, behandelt. Es stellten sich dabei die Fragen, ob Selbstbeteiligungen im Bereich der Heil- und Hilfsmittel grundsätzlich eine geeignete Kostendämpfungsmaßnahme darstellen und in welcher Form der Ausgestaltung diese Selbstbeteiligungen möglicherweise tragbare Belastungen für bestimmter Nutzergruppen mit hinreichenden Steuerungs- und Finanzierungswirkungen verbinden.

Im Bereich der Heilmittel fällt es dem Patienten ex ante oft schwer, die Qualität eines Leistungsanbieters zu bewerten, da die staatliche Approbation lediglich eine notwendige Mindestqualität der Leistung bestätigt. Die Zuzahlungsregelungen treffen darüber hinaus nur einen sehr kleinen Kreis von Versicherten, die zudem bereits zeitlich bei der Inanspruchnahme von Heilmitteln belastet werden. Gerade der Patienten-compliance kommt jedoch besonders bei der langfristigen Therapie mit Heilmitteln eine essentielle Bedeutung zu. Eine mit der Therapiedauer ansteigende Selbstbeteili-gung kann ein Ansatz für die Erhöhung der Patientencompliance darstellen. Mit der möglichen Substituierbarkeit der meisten Heilmittel durch ‚Wellnessdienstleistun-gen' am freien Markt, Wahlfreiheit der Leistungsanbieter und geringe Dringlichkeit bei der notwendigen Therapie mit Heilmitteln sind zudem wichtige Prämissen für langfristige Steuerungseffekte von Selbstbeteiligungen bei Heilmitteln erfüllt. Die mit dem GMG eingeführte prozentuale Selbstbeteiligung bei Heilmitteln zuzüglich einer Verordnungsgebühr belastet daher bereits Heilmittelempfänger mit sehr gerin-gen Kosten pro Verordnung und verbreitert somit den von der Selbstbeteiligung be-troffenen Personenkreis stark. Die aktuellen Zuzahlungsregelungen im Bereich der Heilmittel – in Verbindungen mit den Restriktionen der HMR 2004[223] – leisten daher meines Erachtens einen sinnvollen Beitrag zur Stärkung der eigenverantwortlichen Rolle des Patienten im Therapieprozess und zur Kostendämpfung im Gesundheits-wesen.

Im Bereich der Hilfsmittel stellt sich die Situation wesentlich komplexer dar, da der Leistungsbereich der Hilfsmittel nur sehr eingeschränkt mit anderen GKV-Leistungsbereichen vergleichbar ist. Die fehlende Budgetierung führt zu einem Ver-ordnungsverhalten des Arztes, das sich sehr viel weniger als in anderen Leistungsbe-reichen an Kostenaspekten orientiert. Andererseits sind die gesetzlichen Krankenkassen und die Organe der Selbstverwaltung stärker in den Verordnungspro-zess der Hilfsmittel z.B. durch Prüfung der Verordnung oder Angaben des HMV und den HfMR involviert. Dem Arzt fällt es jedoch im Bereich der Hilfsmittel grundsätz-lich schwerer, die nachgefragte Menge über den therapeutisch notwendigen Umfang auszudehnen. Die Wirkung einzelner Hilfsmittel ist in den meisten Fällen eindeutig festgelegt und im Vergleich zu Arzneimitteln auch vom Patienten klar spürbar, er-kennbar und im Gegensatz zu ambulanten Dienstleistungen auch qualitativ bewert-bar. Zudem ist bei den meisten Hilfsmittelpatienten von einer vergleichsweise hohen Marktkenntnis auszugehen, die auch aufgrund der fehlenden Dringlichkeit von Hilfsmitteln beim Vergleich unterschiedlicher Anbieter genutzt werden kann. Eine

---

[223] u.a. Verlängerung der behandlungsfreien Intervalle bei physikalischer Therapie von 6 auf 12 Wo-chen, grundsätzliche Begrenzung auf maximal 6 Einheiten pro Rezept, Begrenzung auf zwei Heil-mittel pro Verordnung (vgl. KV NORDRHEIN(2004))

Selbstbeteiligung im Bereich der Hilfsmittel kann somit grundsätzlich kostenbewussteres Verhalten bei Arzt und Patient fördern. Am Beispiel der Sehhilfen wird deutlich, dass auch bei einem dringend benötigten Hilfsmittel breite Kreise der Bevölkerung eine erhöhte Zahlungsbereitschaft für Sehhilfen entwickeln und deutliche Finanzierungseffekte für die GKV resultieren. Diese Folgen sind jedoch vor allem auf die mangelnde Substitution von Sehhilfen durch andere GKV-Leistungsbereiche, die hohe Anzahl der vom Leistungsausschluss betroffenen Versicherten sowie auf den kompetitiven Massenmarkt dieser Branche zurückzuführen.

Im Falle anderer Hilfsmittel sind hingegen im Hinblick auf die heterogene Angebotsstruktur des Hilfsmittelmarkts und die Verteilung der Kosten auf die Versicherten bestimmte Formen der Selbstbeteiligung problematisch und nur bedingt als adaptive Reformschritte für die GKV zu empfehlen. So berücksichtigen Festbeträge und insb. die mit dem GMG eingeführten bundesweit einheitlichen Festbeträge nur ungenügend den über den reinen Produktionsprozess von Hilfsmitteln hinausgehenden Beratungs- und Serviceaufwand, der eine wichtige Voraussetzung für die spätere Patientencompliance darstellt. Eine Übertragung der Festbetragsregelungen bei Arzneimittel auf den Leistungsbereich der Hilfsmittel wird der Branchenstruktur und der Wirkungsweise eines Hilfsmittels nicht gerecht. Proportionale Selbstbehalte wiederum führen insb. im Bereich der Hilfsmittel zur übermäßigen Belastung einer kleinen Nutzergruppe und entfalten beim großen Anteil der chronisch Kranken und älteren Menschen an den Hilfsmittelempfänger aufgrund der unelastischen Nachfrage keine Steuerungswirkungen. Die Aufhebung der auf spezifische Hilfsmittel beschränkten Selbstbehalte durch das GMG zugunsten einer einheitlichen proportionalen Zuzahlung mit Höchstbegrenzung verbreitert die von der Selbstbeteiligung erfasste Gruppe erheblich. Somit werden zwar auch im Hilfsmittelbereich Bagatellfälle aus dem GKV-Leistungskatalog ausgegrenzt, gleichzeitig aber versucht, soziale Härtefälle zu vermeiden. Es fehlt der Regelung jedoch an indikationsspezifischen Elementen, die besonders im Hilfsmittelbereich notwendig sind. Nur wenn jedes Hilfsmittel einer bestimmten Indikation zugeordnet werden kann, können die verschiedenen Nutzergruppen – von chronisch Kranken bis hin zu temporären Nutzern während der Rehabilitation – in geeigneter Form finanziell am Therapieprozess beteiligt werden.

Selbstbeteiligung im deutschen Gesundheitswesen darf sich nicht an den Kosten der Therapie und der eingesetzten Mittel orientieren, sondern muss die Leistungsfähigkeit der Patientinnen und Patienten in den Vordergrund stellen. Gerade diese Leistungsfähigkeit schwankt innerhalb der Gruppe der Hilfsmittelpatienten besonders stark. Im Bereich der Hilfsmittel ist daher eine Verbesserung der Datenlage und eine intensivierte Analyse der Nutzergruppen notwendig. Auf Anbieterseite müssen hierzu insb. Formen der einheitlichen, elektronischen Abrechnung, sowie transparente Vergütungssysteme forciert werden. An der Festsetzung der Festbeträge für Arzneimittel müssen zudem Krankenkassen und Leistungserbringer gemeinsam mitwirken, um eine Qualitätsminderung aufgrund zu niedrig angesetzter Festbeträge im Hilfsmittelsektor zu verhindern.[224] Ein Verzicht auf die Inanspruchnahme von Hilfsmitteln wird sich mit keiner Selbstbeteiligung erreichen lassen, eine spürbare Beteiligung an den Hilfsmittelkosten ist zudem nur für einen Teil der Hilfsmittelpatienten möglich. Im Gegensatz hierzu ist ein Steigerung des Kostenbewusstseins nicht nur dringend geboten, sondern durch Selbstbeteiligung auch für alle Empfänger von Hilfsmitteln erreichbar.

---

[224] vgl. ÄRZTEZEITUNG(2004), S.1

7 Anhang

A.1
Formular zur Heilmittelgenehmigung und –empfang

Genehmigung der Krankenkasse bei Verordnung außerhalb des Regelfalles

☐ Die verordnete Behandlung wird genehmigt.   ☐ Die verordnete Behandlung wird nicht genehmigt.

Datum

Begründung bei Ablehnung

Unterschrift und Stempel der Krankenkasse

Bitte immer unmittelbar nach der Abgabe Ihrer Leistungen durch Unterschrift quittieren lassen!

Empfangsbestätigung durch den Versicherten

Ich bestätige, die im Folgenden aufgeführten Behandlungen erhalten zu haben

	Datum	Maßnahmen (erhaltene Heilmittel, ggf. auch Hausbesuche)	Unterschrift des Versicherten
1			
2			
3			
4			
5			
6			
7			
8			
9			
10			

☐ Behandlungsabbruch   am   Datum

Nach Rücksprache mit dem Arzt:

☐ Änderung von Gruppen- in Einzeltherapie

☐ Abweichung von der Frequenz

Begründung:

Verbindliches Muster

Stempel und Unterschrift des Leistungserbringers

Muster 13.2 (7.2004)

Quelle: KV NORDRHEIN(2004), S.80

A.2
Veränderung der GKV-Ausgaben 2002/03

	GKV	AOK	BKK	IKK	LKK	SeeKK	BKN	EAR	EAN
Ärztliche Behandlung	2,7	1,9	3,7	4,4	2,6	8,0	-0,1	2,6	3,1
Behandlung durch Zahnärzte ohne Zahnersatz	0,6	1,4	1,2	-0,7	0,6	-0,6	2,6	0,1	-0,1
Zahnersatz	7,5	7,0	8,2	2,9	4,4	14,9	14,1	7,9	9,1
Arzneimittel*	2,0	2,4	-0,3	3,0	-0,1	13,4	0,8	0,6	3,8
* Summe Hilfsmittel	4,5	5,5	-4,4	5,6	1,7	6,1	5,7	19,4	8,0
* Summe Heilmittel	4,8	6,8	0,8	6,3	4,9	7,5	6,6	12,8	5,2
Krankenhausbehandlung	1,8	2,0	0,2	3,0	-0,8	-0,1	1,3	3,5	3,3
Krankengeld	-7,4	-10,5	-6,3	-10,2	-8,6	7,5	3,7	-6,7	-4,5
Fahrkosten	4,9	4,8	1,9	10,6	2,4	1,0	3,6	12,3	6,8
Vorsorge- u. Rehabilitationsmaßnahmen	-3,3	-5,0	-5,2	-0,2	10,4	-11,0	2,5	-5,7	-0,6
Soziale Dienste / Prävention	12,7	9,3	27,7	11,8	21,7	4,9	-7,3	13,1	15,4
Schwangerschaft / Mutterschaft	4,6	7,4	16,3	5,5	3,0	3,0	-0,3	7,5	-4,0
Betriebs-, Haushaltshilfe	-8,0	-12,7	-5,3	-14,3	2,3	-26,3	-19,8	-15,8	-9,5
Häusliche Krankenpflege	1,5	2,2	-4,3	3,8	-1,5	-1,7	-2,1	16,2	5,4
Sterbegeld	-44,8	-45,4	-46,0	-42,7	-45,1	-50,7	-46,2	-41,3	-42,0
Ausgaben für Leistungen insgesamt	1,7	1,7	0,9	2,1	1,0	6,1	1,6	2,8	2,9
Netto-Verwaltungskosten	3,0	2,0	11,7	2,7	3,0	1,8	-0,1	-0,4	3,8
Beitragspflichtige Einnahmen (AKV-Mitglieder und Rentner)	-0,3	-1,3	1,3	-0,8	----	0,4	1,2	-1,4	-1,2
Überschuß/Defizit(-) in Mio. € **	-2.913	-1.315	-651	-118	-13	-12	-198	-63	-688
Allgemeiner Beitragssatz in v.H.									
1.-4. Qu.2003	14,31	14,47	13,66	14,32	----	12,90	12,90	13,96	14,68
1.-4. Qu. 2002	14,01	14,25	13,12	14,23	----	13,20	12,90	13,95	14,32
01. Januar 2004	14,27	14,45	13,87	14,24	----	12,90	12,60	13,95	14,47

Quelle: BMGS(2004c), Vordruck KV 45

A.3
Prognose des Bedarfs an Mobilitätshilfen 2000-2020

Altersgruppe	Anzahl im Jahr*		Mobilitätsbehin-derte (in %)		Mobilitätsbehinderte (absolut)	
	2000	2020	BuT**	T**	2000	2020
18-50	37.289.200	30.938.100	0,20%	0,40%	223.735	185.629
51-65	15.543.800	19.397.200	1,10%	2,20%	512.945	640.108
66-75	7.746.000	8.834.500	3,30%	7,30%	821.076	936.457
76-80	2.835.000	3.286.400	6,50%	13,30%	561.330	650.707
81+	3.073.100	5.266.500	8,30%	17,80%	802.079	1.374.557
18-81+ gesamt	66.487.100	67.722.700			2.921.166	3.787.457
0-81+ gesamt	81.946.000	80.151.700				

(*) = *Werte der 9. koordinierten Bevölkerungsvorausberechnung,*
STATISTISCHES BUNDESAMT(2000)

(**) = *BuT = Begleitung und technische Hilfsmittel notwendig;*
T = technische Hilfsmittel notwendig
RÜCKERT(1989), S.129ff

A.4:

Gesetzliche Änderungen der Zuzahlungsregelungen bei Heil- und Hilfsmitteln im Zeitraum 1977-83

Leistungsbereich *Änderung*	zentrale Aussagen	Grundmodell/ Modifikation
Krankenversicherungs-Kostendämpfungsgesetz (KVKG) 1977		
Alle Leistungen §182a, Satz 1 RVO (Grundregel)	„Bei der Abnahme von Arznei-, Heil- und Hilfsmitteln hat der Versicherte eine DM für jedes verordnete Mittel an die abgebende Stelle zu zahlen."	*Feste Gebühr*
Alle Leistungen §182, Satz 2 RVO (Ausnahmeregel)	„Die Krankenkasse kann in besonderen Härtefällen vor allem, wenn laufend Arznei-, Verbands und Heilmittel benötigt werden, von der Zahlung nach Satz 1 befreien."	*Härtefallregelung*
Kostendämpfungs-Ergänzungsgesetz (KVEG) 1981		
Heilmittel, Brillen §182a, Satz 1, RVO	„Der Versicherte, der das 16. Lebensjahr vollendet hat, zahlt als Verordnungsblattgebühr bei der Abnahme ... b) von Heilmitteln 4 DM je Verordnung c) von Brillen 4 DM jedoch nicht mehr als die tatsächlich entstandenen Kosten an die abgebende Stelle."	*Feste Gebühr mit Altersbeschränkung*
Heilmittel, Brillen §182a, Satz 2, RVO	„Dies gilt auch für die Instandsetzung von Heilmitteln und Brillen"	*Feste Gebühr*
Alle Leistungen §182a, Satz 3, RVO	„Die Krankenkasse kann in Fällen, in denen über einen längeren Zeitraum Arznei-, Verbands und Heilmittel benötigt werden, von der Zahlung befreien, wenn der Versicherte unzumutbar belastet würde"	*Härtefallregelung*
Hilfsmittel §182b, Satz 3, RVO	„Wählt der Versicherte ein aufwendigeres Hilfsmittel als notwendig, hat er die Mehrkosten selbst zu tragen."	*Leistungsbegrenzung*
Änderungsgesetz: *(Haushaltsbegleitgesetz 1983)*		
§182a, Satz 1 RVO	Der Versicherte, der das 16. Lebensjahr vollendet hat, zahlt als Verordnungsblattgebühr bei der Abnahme a) von Arznei- und Verbandmitteln für jedes verordnete Mittel 2 DM [...]	*Feste Gebühr*

Quelle: zusammengestellt aus PFAFF et al(1994)

A.5:
Gesetzliche Änderungen der Zuzahlungsregelungen bei Heil- und Hilfsmitteln im Zeitraum 1988-2003 (Auswahl)

Leistungsbereich Änderung	zentrale Aussagen	Grundmodell/ Modifikation
Gesundheitsreformgesetz (GRG) 1989		
Heilmittel §32 Absatz 2 Satz 1 und 2	„Versicherte, die das 18. Lebensjahr vollendet haben, haben zu den Kosten der Heilmittel eine Zuzahlung von 10 von Hundert ... zu leisten. Dies gilt auch, wenn das Heilmittel in der Praxis des Arztes oder bei ambulanter Behandlung [...] abgegeben wird."	*Prozentuale Selbstbeteiligung*
Hilfsmittel §33 Abs. 2 Satz 1 und 2	„Ist für ein erforderliches Hilfsmittel ein Festbetrag nach §36 festgesetzt, trägt die Krankenkasse die Kosten bis zur Höhe dieses Betrages. Für andere Hilfsmittel übernimmt sie die jeweils vertraglich vereinbarten Preise."	*Feste Gebühr*
Kontaktlinsen §33 Abs. 3 Satz 3 (Sonderregel)	„[...], zahlt die Krankenkasse als Zuschuß zu den Kosten von Kontaktlinsen den Betrag, den sie für eine erforderliche Brille aufzuwenden hätte".	*Leistungs- begrenzung*
Brillen §33 Abs. 4 Satz 1	„Zu den Kosten des Brillengestells zahlt die Krankenkasse einen Zuschuß von 20 Deutsche Mark,[...]"	*Leistungs- begrenzung*
Gesundheits-Strukturgesetz (GSG) 1993		
Heilmittel §32 Abs. 2 Satz 2	„Dies gilt auch, wenn das Heilmittel in der Praxis des Arztes oder bei ambulanter Behandlung in Krankenhäusern, Rehabilitations- oder anderen Einrichtungen abgegeben wird".	
Gesetz zur Beitragsentlastung der GKV (BeitrEntlG) 1996		
Brillen §33 Abs. 1 (angefügt), Streichung Abs. 4	„Der Anspruch auf Versorgung mit Sehhilfen umfaßt nicht die Kosten des Brillengestells."	*Leistungs- ausschluss*

(Fortsetzung)

GKV Neuordnungsgesetze (GKV-NOG) 1997

Alle Leistungen §221 Abs. 1 Satz 1 und 2 (1. NOG)	„Erhöht eine Krankenkasse ihren Beitragssatz, so erhöhen sich die von den Versicherten dieser Krankenkasse zu leistenden Zuzahlungen, die in Deutsche Mark bemessen werden, für jeweils angefangene 0,1 Beitragssatzpunkte dieser Beitragssatzerhöhung um 1 Deutsche Mark. Zuzahlungen, die in Vomhundertsätzen bemessen werden, erhöhen sich jeweils um einen Prozentpunkt." *(entsprechend Absatz 2 für Senkungen des Beitragssatzes)*	Erhöhung prozentualer Selbstbeteiligung und Fester Gebühren
Alle Leistungen §62a (eingefügt) (2. NOG)	„Die in § 23 Abs. 6, § 24 Abs. 3, § 31 Abs. 3, § 39 Abs. 4, § 40 Abs. 5 und 6, § 41 Abs. 3 sowie § 60 Abs. 2 genannten Zuzahlungsbeträge werden mit Wirkung vom 1. Juli 1999 an [...] angepaßt. Pfennigbeträge sind auf den nächsthöheren vollen Deutsche-Mark-Betrag, [...] zu runden (angepaßte Zuzahlungsbeträge)."	Erhöhung prozentualer Selbstbeteiligung und Fester Gebühren

Quelle: zusammengestellt aus PFAFF et al(1994),DEUTSCHER BUNDESTAG (1996), BUNDESGESETZBLATT(1997)

A.6:
Veränderung der Zuzahlungen bei Heil- und Hilfsmitteln durch das GMG

	bis 31.12. 2003	*Ab 1.1.2004 (GMG)*
Heilmittel	**15% der Kosten (a,b,c)**	**10% der Kosten des Mittels** zzgl. **10 Euro pro Verordnung**
Hilfsmittel (Gebrauch)	**ggf. Zuzahlung des über dem Festbetrag liegenden Betrags** **Ausnahme:** **20% der Kosten**, die die Krankenkasse übernimmt bei Bandagen, Einlagen und Hilfsmitteln zur Kompressionstherapie **(a,c)**	**10% für jedes Hilfsmittel,** mind. 5, höchstens 10 Euro; nicht mehr als die Kosten des Mittels
Hilfsmittel (Verbrauch)		**10 % je *Verbrauchseinheit*,** maximal 10 EUR pro Monat
Sehhilfen/ Brillen	**ggf. Zuzahlung des über dem Festbetrag liegenden Betrags** Erneuter Anspruch für Versicherte, die das 14. Lebensjahr vollendet haben, nur bei einer Änderung der Sehfähigkeit um mind. 0,5 Dioptrien; medizinische Ausnahmen gemäß §92 SGB V	**grundsätzlich kein Zuschuss mehr** **Ausnahme:** Kinder und Jugendliche bis zum vollendeten 18. Lebensjahr sowie schwer sehbeeinträchtigte Menschen)
Ausnahmen (§61, 62 SGB V)	**Härtefallregelungen** **a) vollständige Befreiung** Sozialklausel (§61) **b) teilweise Befreiung** Überforderungsklausel (§62) **c) vollständige Befreiung** bei Kindern bis 18 Jahre	**teilweise Befreiung gemäß Belastungsgrenze-§62 SGB V** Zuzahlungsbegrenzungen: **2% des Familienbruttoeinkommens (1% bei chronisch Kranken); Familienfreibeträge**

Quelle: zusammengestellt aus VDAK/AEV(2003, 2004)

8 Literaturverzeichnis

Ärztezeitung (Hg.) 2004: Patienten mit Inkontinenz sollen über 200 Euro im Monat zuzahlen. In: Ärztezeitung vom 12. Oktober 2004, Nr. 184, 23. Jahrgang, S.1

Allgemeine Ortskrankenkassen- Bundesverband (2004): Internetseiten: http://www.aok-bv.de/service/zahlen/hh/index.html, am 27. Juli 2004

Andersen, Hanfried H. (1987): Kommentierte Bibliographie zur Gesundheitsökonomie. In: Schulenburg, Johann-Matthias Graf von der (Hg.): Beiträge zur Sozialökonomie und Versicherungswissenschaft, Band 1, Edition Sigma, Berlin

Berg, Heinz (1986): Bilanz der Kostendämpfungspolitik im Gesundheitswesen seit 1977. In: Soziale Sicherheit, 5/86, S.148-155

Breyer, Friedrich; Zweifel, Peter; Mathias, Kifmann (2003[4]): Gesundheitsökonomie. Springer, Berlin, Heidelberg

Bundesarbeitsgemeinschaft der Heilmittelverbände e.v. (2004): Internetseiten: http://www.bhv-heilmittelverbaende.de/index4x.htm#, am 27. Juli 2004

Bundesausschuss der Ärzte und Krankenkassen (2004): Richtlinien des Bundesausschusses der Ärzte und Krankenkassen über die Verordnung von Hilfsmitteln in der vertragsärztlichen Versorgung. In: Bundesanzeiger Nr. 20 (S. 1523) vom 30. Januar 2004

Bundesgesetzblatt (1997): Erstes und Zweites Gesetz zur Neuordnung von Selbstverwaltung und Eigenverantwortung in der gesetzlichen Krankenversicherung. Teil I, S. 1518-1520. Internet: www.jura.uni-sb.de/BGBl/TEIL1/1997/19971518.1.HTML, am 03. Oktober 2004

Bundesministerium für Gesundheit (Hg.) 2001: Daten des Gesundheitswesens. Nomos Verlagsgesellschaft, Baden-Baden

Bundesministerium für Gesundheit und Soziale Sicherung (Hg.) 2004a: Fragen und Antworten: Heilmittel. Internet: www.die-gesundheitsreform.de/ am 26. Juni 2004

Bundesministerium für Gesundheit und Soziale Sicherung (Hg.) 2004b: Ulla Schmidt zieht positive Zwischenbilanz der Gesundheitsreform - Krankenkassen mit Überschuss von fast zweieinhalb Mrd. Euro. Pressemitteilung BMGS am 2. September 2004.

Bundesministerium für Gesundheit und Soziale Sicherung (Hg.) 2004c: Internetseiten: www.bmgs.bund.de/index.cfm/ am 15.September 2004

Bundesministerium für Gesundheit und Soziale Sicherung (Hg.) 2004d: Die Gesundheitsreform: Neue Zuzahlungs- und Finanzierungsregelungen – die wichtigsten Veränderungen auf einen Blick. Internet: www.bmgs.bund.de/ am 26. Juni 2004

Bundesverband Deutscher Augenoptiker e.V. (2004): BVA: Brille aus einer Hand? - Augenärzte sollen Brillen abgeben. Internet: www.bdao.de/aktuelles_details.php?id=113, am 28.Juli 2004

Bundesverband der Medizinproduktindustrie (2002): Auswirkungen der transsektoral integrierten Gesundheitsversorgung auf die Medizinproduktindustrie. Studiendokumentation, Berlin

Bundesverband der Medizinproduktindustrie (2003): Ausschreibungen für Hilfsmittel: weniger Qualität, mehr Kosten, keine Transparenz. Thesenpapier. Internet: http://www.bvmed.de/linebreak4/mod/netmedia_pdf/data/ThesenpapierAusschreibHimi.pdf, am 10. September 2004

Bundesverband der Medizinproduktindustrie (2004): Internetseiten: http://www.bvmed.de/website_neu, am 28.07.2004

Chou, Li-Fang (1993): Selbstbeteiligung bei Arzneimitteln aus ordnungspolitischer Sicht: das Beispiel der Bundesrepublik Deutschland, Finanzwissenschaftliche Schriften; Bd. 55. Verlag Peter Lang, Frankfurt am Main

Deutscher Bundestag (Hg.) 1990: Endbericht der Enquete-Kommission "Strukturreform der GKV" BT-Drucksache 11/6380, Bonn

Deutscher Bundestag (Hg.) 1996: Beschlußempfehlung und Bericht des Ausschusses für Gesundheit zu dem Gesetzentwurf der Fraktionen der CDU/CSU und F.D.P. Entwurf eines Gesetzes zur Entlastung der Beiträge in der gesetzlichen Krankenversicherung (Beitragsentlastungsgesetz - BeitrEntlG). BT-Drucksache 13/5099, Bonn

Deutscher Bundestag (2003): Gesetzentwurf der Fraktionen SPD, CDU/CSU und BÜNDNIS 90/DIE GRÜNEN Entwurf eines Gesetzes zur Modernisierung der gesetzlichen Krankenversicherung (GKV-Modernisierungsgesetz – GMG), Bundesdrucksache 15/1525

Dienst für Gesellschaftspolitik (2003): Hilfsmittel: Innungskrankenkassen können bei Versandapotheke einkaufen. In: dfg 37-03, S.7-8

Droege, Jürgen (1990): Steuerungselemente im Gesundheitswesen der Bundesrepublik Deutschland. Transfer Verlag, Regensburg

Düttmann, Renate (1978): Die Finanzierung der gesetzlichen Krankenversicherung: kritische Analyse und Verbesserungsvorschläge. Schriften zur öffentlichen Verwaltung und öffentlichen Wirtschaft; Bd. 19. Nomos Verlagsgesellschaft, Baden-Baden

Felder, Stefan: Neue Konzepte für die Selbstbeteiligung in Deutschland. In: Vogel, Hans-Rüdiger; Häßner, Konrad (Hg.) 1999: Selbstbeteiligung im Deutschen Gesundheitswesen: Symposium, Akademie der Wissenschaften und der Literatur am 18. März 1999 in Mainz / Internationale Gesellschaft für Gesundheitsökonomie e.V. G.Thieme, Stuttgart, S.67-74

Geißler, Ulrich: Erfahrungen mit der Selbstbeteiligung in der gesetzlichen Krankenversicherung in der Bundesrepublik Deutschland. In: Internationale Gesellschaft für

Gesundheitsökonomie, Mainz (Hg.) 1980: Selbstbeteiligung im Gesundheitswesen: Bestandsaufnahme, Materialien, Denkanstöße. Fischer Verlag, Stuttgart, S.37-57

Gmünder ErsatzKasse (Hg.) 2004a: GEK-Arzneimittelreport 2004. In: Schriftenreihe zur Gesundheitsanalyse, Band 29. Asgard-Verlag, Sankt Augustin

Gmünder ErsatzKasse (Hg.) 2004b: GEK-Heil- und Hilfsmittel-Report 2004. In: Schriftenreihe zur Gesundheitsanalyse, Band 31, Vorabdruck. Asgard-Verlag, Sankt Augustin

Hilbert, Josef; Fretschner, Rainer; Dülberg, Alexander (2002): Rahmenbedingungen und Herausforderungen der Gesundheitswirtschaft. Institut Arbeit und Technik im Wissenschaftszentrum Nordrhein-Westfalen, Gelsenkirchen. Internet: http://www.iatge.de/aktuell/veroeff/ds/hilbert02b.pdf, am 31. August 2004

Hof, Bernd (2001): Auswirkungen und Konsequenzen der demographischen Entwicklung für die gesetzliche Kranken- und Pflegeversicherung, hrsg. vom Verband der privaten Krankenversicherung e.V., PKV Dokumentation 24

Hundhausen, E. (1997): Die Ausgaben für Heil- und Hilfsmittel steigen langsamer. In: Orthopädie-Technik 11/97, S.933-939

Kassenärztliche Vereinigung Nordrhein (Hg.) 2004: Heilmittel-Richtlinien. Sonderdruck der Kassenärztlichen Vereinigungen in Deutschland, Düsseldorf

King, Hilary; Aubert, Robert E.; Herman, William H. (1998): Global burden of diabetes, 1995-2025. Prevalence, numerical estimates, and projections. In: Diabetes Care, Vol. 21, No. 9, September 1998, S.1414-1431

Klose, Joachim; Schellschmidt, Henner (2001): Finanzierung und Leistungen der Gesetzlichen Krankenversicherung. Herausgegeben vom Wissenschaftlichen Institut der AOK (WIdO), Bonn

Knappe, Eckhard; Leu, Robert E.; Schulenburg, Johann-Matthias von der (1988): Der Indemnitätstarif. Wege zur Sozialverträglichkeit und Wirtschaftlichkeit beim Zahnersatz. Springer Verlag, Berlin

Knappe, Eckhard; Neubauer, Günter; Seeger, Thomas; Sullivan, Kevin (2000): Die Bedeutung von Medizinprodukten im deutschen Gesundheitswesen.

Kraft, Kornelius; Schulenburg, Johann-Matthias Graf von der: Einige empirische Ergebnisse zur Beurteilung der Wirkung von Selbstbeteiligungsregelungen in der Krankenversicherung. In: Oberender, Peter (Hg.) 1985: Gesundheitswesen im Wandel; Gesundheitsökonomie und Sozialrecht, Band 2. Spardorf, S. 123-147

KGS - Kuratorium Gutes Sehen e.V. (Hg.) 2003: Brillenstudie 2002, Allensbacher Archiv, IfD-Umfragen 5086 und 7034, Köln. Internet: http://www.sehen.de/presse2/brillenstudie/brillenstudie.htm, am 10. September 2004

Medizinisch-Pharmazeutische Studiengesellschaft e.V. Bonn (1990): Alternative Modelle der Selbstbeteiligung, Bonn

Metke, Norbert (2004): Heilmittel – Wellness für die Massen? In: Deutsches Ärzteblatt, Jhrg. 101, Heft 26, 25 Juni 2004

Meyer, Dirk (1993): Technischer Fortschritt im Gesundheitswesen: eine Analyse der Anreizstrukturen aus ordnungspolitischer Sicht (Schriften zur angewandten Wirtschaftsforschung: 61). J.C.B. Mohr, Tübingen

Mühlenkamp, Holger (1991): Die Ausgaben in der Gesetzlichen Krankenversicherung: eine empirische Analyse am Beispiel der Allgemeinen Ortskrankenkassen. Duncker & Humblot, Berlin.

National Data Corporation (NDCHealth) 2004: NCI NationaleCareInformationen: Hilfsmittelmarkt August 2002. Internetseiten: http://www.ndchealth.de/neu/trends/trends_kw39_02.html, am 18.August 2004

Neubauer, Günter (2004): GMG- Chancen und Risiken für medizinische Leistungserbringer. Vortrag anlässlich einer Fachtagung des Genossenschaftsverbandes Frankfurt. 2.Juni 2004, Neu-Isenburg

Nord, Dietrich (1990): Abseits der Vernunft – Ideologie und Wirklichkeit der Festbeträge, Sanitas Verlag, München

Oberender, Peter O; Hebborn, Ansgar; Zerth, Jürgen (2002): Wachstumsmarkt Gesundheit, Lucius und Lucius, Stuttgart

OT-Forum – Plattform des Verlags und des Bundesinnungsverbands für Orthopädietechnik (2004): Zahlen und Fakten der Branche. Internetseiten: http://www.ot-forum.de/e143/index_ger.html, am 18. August 2004

Pfaff, Anita B. et al (1994): Kostendämpfung in der gesetzlichen Krankenversicherung: Auswirkungen der Reformgesetzgebung 1989 und 1993 auf die Versicherten. Campus Verlag, Frankfurt/Main

Pfaff, Anita B.: Auswirkungen von Selbstbeteiligungen: Steuerung und Rationierung unter Berücksichtigung der Härtefallregelungen. In: Wille, Eberhard (Hg.) 2003: Rationierung im Gesundheitswesen und ihre Alternativen. Tagungsband des Gesundheitsökonomischen Ausschusses. Gesundheitsökonomische Beiträge, Bd. 40, Nomos Verlagsgesellschaft, Baden-Baden, S. 127-162

Pfaff, Anita B. et al (2003): Zuzahlungen nach dem GKV-Modernisierungsgesetz (GMG) unter Berücksichtigung von Härtefallregelungen. Beitrag Nr. 253 der Volkswirtschaftlichen Diskussionsreihe der Universität Augsburg, Augsburg

Physio.de Informationsdienste (2004): Die Heilmittelrichtlinien. Internetseiten: http://www.physio.de/hmr/index.htm, am 20. Juli 2004

Presseservice Gesundheit (2001): Preisunterschiede bei Hörgeräten: Vor dem Kauf Angebote vergleichen. In: Presseservice Gesundheit, Ausgabe 3, 26.03.2001, S.2-4

Reichelt, Herbert (1994): Steuerungswirkungen der Selbstbeteiligung im Arznei-mittelmarkt: Analyse der Auswirkungen bisher praktizierter und aktuell diskutierter Selbstbeteiligungsregelungen in der Arzneimittelversorgung im Rahmen der gesetz-lichen Krankenversicherung. Gustav Fischer Verlag, Stuttgart

Rosenberg, Peter: Selbstbeteiligung als Instrument zur Steigerung von Effektivität und Effizienz in Gesundheitswesen und Krankenversicherung? In: Pfaff, Martin (Hg.) 1983: Effizienz und Effektivität staatlicher Transferpolitik in der Wirtschafts-krise. Duncker und Humblot, Berlin, S.165-177

Rosian, Ingrid et al. (2003): Selbstbeteiligung. Internationaler Vergleich und Impli-kationen für Österreich. Herausgegeben vom Österreichischen Bundesinstitut für Gesundheitswesen, Wien

Rückert, Willi: Die demographische Entwicklung und deren Auswirkungen auf Pflege-, Hilfs- und Versorgungsbedürftigkeit. In: Ferber, Christian von; Radebold, Hartmut, Schulenburg Johann-Mattias Graf von der (Hg) 1989: Die demographische Herausforderung. (Beiträge zu Gesundheitsökonomie, Bd. 9, hrsg. von der Robert Bosch Stiftung GmbH, Stuttgart). Bleicher Verlag, Gerlingen, S. 111-150

Sachverständigenrat für die Konzertierte Aktion im Gesundheitswesen (1995): Gesundheitsversorgung und Krankenversicherung 2000. Mehr Ergebnisorientierung, mehr Qualität und mehr Wirtschaftlichkeit. Nomos-Verlagsgesellschaft, Baden-Baden

Sachverständigenrat für die Konzertierte Aktion im Gesundheitswesen (2003): Finanzierung, Nutzerorientierung und Qualität. Gutachten 2003: Internet: www.svr-gesundheit.de/ am 10. September 2004

Schulenburg, Johann-Matthias Graf von der (1987): Selbstbeteiligung: theoreti-sche und empirische Konzepte für die Analyse ihrer Allokations- und Verteilungs-wirkungen, J.C.B. Mohr (Paul Siebeck), Tübingen

Schmidt, Reinhardt: Empirische Untersuchungen zur Tarif- und Prämienpolitik in der privaten Krankenversicherung. In: Adam, Dietrich; Zweifel, Peter (Hg.) 1985: Preisbildung im Gesundheitswesen (Beiträge zu Gesundheitsökonomie, Bd. 9, hrsg. von der Robert Bosch Stiftung GmbH, Stuttgart). Bleicher Verlag, Gerlingen, S.251-294

Schmidt, Peter (2003): Einzelverträge und Festbeträge. Die Hilfsmittelversorgung nach dem Gesetz zur Modernisierung der gesetzlichen Krankenversicherung. In: Ge-sellschaftspolitische Kommentare Nr. 12 – Dezember 2003, S.20-23

Schramm, Axel (1996): Altern und Gesundheit aus Sicht der Geriatrie. In: Oberen-der, Peter (Hg.) 1996: Alter und Gesundheit, Nomos Verlagsgesellschaft, Baden-Baden, S.11-27

Schneider, Markus (1985): Sozial tragbare Selbstbeteiligung in der Sozialen Kran-kenversicherung (Hrsg.: Robert Bosch Stiftung). Stuttgart

Schneider, Markus: Selbstbeteiligung im internationalen Vergleich. In: Vogel, Hans-Rüdiger; Häßner, Konrad (Hg.) 1999: Selbstbeteiligung im Deutschen Gesundheitswesen: Symposium, Akademie der Wissenschaften und der Literatur am 18. März 1999 in Mainz / Internationale Gesellschaft für Gesundheitsökonomie e.V. G.Thieme, Stuttgart, S.10-20

Schröder, Helmut; Waltersbacher, Andrea; Faehrmann, Bernd (2003): Licht ins Dunkel gebracht. Warum nehmen die Ausgaben für Leistungen wie Massagen oder Logopädie von Jahr zu Jahr deutlich zu? Ein neues Informationssystem der AOK gibt Antworten. In: Gesundheit und Gesellschaft, Ausgabe 10/03, 6. Jahrgang, S.14-15

Smigielski, Edwin: Die Bedeutung des Versicherungsgedankens für die gesetzliche Krankenversicherung. In: Schmähl, Winfried (Hg.) 1985: Versicherungsprinzip und soziale Sicherung. J.C.B. Mohr (Paul Siebeck), Tübingen, S.76-88

Sommer, Jürg H.; Leu, Robert E. (1984): Selbstbeteiligung in der Krankenversicherung als Kostenbremse? Basler Sozialökonomische Studien, Band 24. Verlag Rüegger, Dissenhofen

Spectaris – Deutscher Industrieverband für optische, medizinische und mechatronische Technologien e.V. (Hg.) 2003: Consumer Optics – Sehen und gesehen werden, Köln

Specke, Helmut K. (2000): Gesundheitsmarkt, Verlag R. S. Schulz, Starnberg

Statistisches Bundesamt (2004): Gesundheitswesen – Gesundheitspersonal nach Berufen, Internetseiten: http://www.destatis.de/basis/d/gesu/gesutab1.php, am 28. Juli 2004

Statistisches Bundesamt (Hg) 2002: Statistisches Jahrbuch 2002. Metzler-Poeschel, Stuttgart

Statistisches Bundesamt (2000): Bevölkerungsentwicklung Deutschlands bis zum Jahr 2050 – Ergebnisse der 9. koordinierten Bevölkerungsvorausberechnung, Wiesbaden

Sterk, Hans-Peter (1979): Selbstbeteiligung unter risikotheoretischen Aspekten, Mannheim

Ulrich, Volker (1988): Preis- und Mengeneffekte im Gesundheitswesen. Eine Ausgabenanalyse von GKV-Behandlungsdaten. Verlag Peter Lang, Frankfurt am Main

VdAK/AEV (2003): (Hrsg.): Ausgewählte Basisdaten des Gesundheitswesens 2003; Siegburg. Internet: http://www.vdak.de/basisdaten2003.htm, am 30. September 2004

VdAK/AEV (2004): (Hrsg.): Ausgewählte Basisdaten des Gesundheitswesens 2004; Siegburg. Internet: http://www.vdak.de/basisdaten2004.htm, am 30. September 2004

Wählig, Susanne (1996): Krankenversicherung und Arzneimittelmarkt. Ein Simulationsmodell zur Analyse von Regulierungswirkungen. Versicherungswissenschaft in Hannover, Band 5. Verlag Versicherungswirtschaft, Karlsruhe

Wagner, Gert. G.: Zur Entwicklung des Leistungskatalogs eines gesetzlich regulierten Krankenversicherungssystems – Inwieweit sind Leistungs-Ausschüsse sinnvoll? In: Wille, Eberhard (Hg.) 2003: Rationierung im Gesundheitswesen und ihre Alternativen. Tagungsband des Gesundheitsökonomischen Ausschusses. Gesundheitsökonomische Beiträge, Bd. 40, Nomos Verlagsgesellschaft, Baden-Baden, S. 51-66

Zentralverband der Augenoptiker (2004): Branchenbericht Augenoptik 2003. In: http://www.zva.de/ZVA/download/Branchenbericht-2003_05-05-04_16-33-31.pdf, 4. September 2004

Zöller, Wolfgang (1997): Eine Chance für die Selbstverwaltung- Dritte Stufe der Gesundheitsreform. In: Deutsches Ärzteblatt 94, Heft 27, 4. Juli 1997, S.22-23

Kristian Koch

Selbstbeteiligung bei Heil- und Hilfsmitteln in der Gesetzlichen Krankenversicherung

GRIN Verlag